Jens Voigt
Jochen Willner

Man muss kämpfen!
Nicht aufgeben – Siegen lernen

Delius Klasing Verlag

Bibliografische Information der Deutschen Nationalbibliothek
Die Deutsche Nationalbibliothek verzeichnet diese Publikation in der
Deutschen Nationalbibliografie; detaillierte bibliografische
Daten sind im Internet über http://dnb.d-nb.de abrufbar.

1. Auflage
ISBN 978-3-7688-5284-5
© Moby Dick Verlag, Postfach 3369, D-24032 Kiel

Text und Redaktion: Jochen Willner
Alle Farbfotos (einschließlich Umschlag): Hans A. Roth
Schwarzweißfotos aus dem privaten Archiv des Autors,
soweit nicht anders angegeben. Leider konnten nicht alle
ursprünglichen Quellen ermittelt werden. Rechteinhaber werden
gebeten, mit dem Verlag Kontakt aufzunehmen.
Satz/Layout: Satz+Layout Werkstatt Kluth GmbH, Erftstadt
Umschlaggestaltung: Buchholz/Hinsch/Hensinger, Hamburg
Druck: Clausen & Bosse, Leck
Printed in Germany 2009

Alle Rechte vorbehalten! Ohne ausdrückliche Erlaubnis
des Verlages darf das Werk, auch nicht Teile daraus, weder
reproduziert, übertragen noch kopiert werden, wie z. B.
manuell oder mithilfe elektronischer und mechanischer
Systeme inklusive Fotokopieren, Bandaufzeichnung und
Datenspeicherung.

Vertrieb: Delius Klasing Verlag, Siekerwall 21, D-33602 Bielefeld
Tel.: 0521/559-0, Fax: 0521/559-115
E-Mail: info@delius-klasing.de · www.delius-klasing.de

Inhalt

	Grußwort	7
1	**Der Weg zum Radsport**	11
	Der Ball ist rund – aber ein Fahrrad ist auch nicht so schlecht	13
	Die ersten Rennen	18
	Im Sportinternat	23
	In der Nationalmannschaft der DDR	33
	Die Mauer fällt …	35
	Die Wende – sportlich betrachtet	39
	Sieg bei der Friedensfahrt!	43
2	**Vom Amateur zum Profi**	45
	Der Amateur-Weltcup	47
	Ein erfolgreicher Bewerbungsmarathon	54
	Umzug ins »Mutterland des Radsports«	61
	Vertragsunterzeichnung bei GAN	64
3	**Zuhause bei der Tour de France**	73
	Toller Einstieg: Zweiter Platz und Bergtrikot	75
	… aber dann: Der Festina-Skandal	83
	Ein Wechselbad der Gefühle	86
	Vorhang auf: Die große Schleife!	90
	Frühstücken wie Voigt in Frankreich …	97
	Eine ganz normale Etappe bei der Tour de France	102
	Heikler Auftrag: Jan Ullrich einfangen	113

Pressestress und viel Ärger
mit Fans ohne Verstand 117
Man muss kämpfen:
Ausreißen ist meine Chance! 120
Der fragwürdige Auftakt zur Tour 2006 129
Die Zusammenarbeit mit der ASO 134
Als Sprachrohr der Berufsfahrer 137
Was bringt die Pro-Tour? 140

4 Weggefährten im Peloton 145
Chris Boardman 147
Stuart O'Grady 152
Frédéric Moncassin 154
Bobby Julich 155
Thor Hushovd 160

5 Der Familienmensch Jens Voigt 161
Das Elternhaus 163
Die eigene Familie 168

6 In den Farben von CSC 173
Der Wechsel ins Team von Bjarne Riis 175
Das legendäre Teamtraining 182
Arbeiten für den Teamchef 190
Giro d'Italia: Der verschenkte Sieg 193
Deutschland-Tour 2006 und 2007:
Doppelsieg in Folge 200

Teams und sportliche Erfolge 208

GRUSSWORT

Lüttich–Bastogne–Lüttich 2005, noch etwa 100 km bis ins Ziel, an der Côte de Wanne. Jens Voigt ist beim ersten Ausreißversuch dabei. Wir nähern uns Stavelot, und Jens übernimmt wieder einmal die Führungsarbeit. Er führt die Gruppe an, als wären es nur noch vier Kilometer bis ins Ziel, und er führt doppelt so lange wie die restliche achtköpfige Gruppe zusammen.

Ich fordere ihn auf, weniger Führungsarbeit zu machen: »Spar dir dein Pulver auf, bis nach Hause ist es noch weit, Jens.« »Aber Bjarne«, kommt die Antwort von Jens, »die Gruppe ist gut!« »Halte dich zurück, Jens! Das ist ein Befehl, es ist noch zu weit bis zum Ziel.«

Es gelingt mir, Jens zu stoppen, und die Gruppe wird bald darauf wieder eingeholt. Mehrmals meldet Jens sich über Funk: »Was jetzt, Bjarne, was machen wir jetzt?« – »Und was soll ich machen!?« Es juckt ihn in den langen Beinen. »Jens, du hältst dich so lange zurück, wie ich es dir sage!« »Okay, Boss!«, kommt es zurück. Aber er brennt förmlich darauf, loslegen zu können.

Das Feld kommt geschlossen durch die Côte du Rosier und die Verpflegungszone. Der nächste Anstieg ist die

Côte de la Vecquée, und auf halbem Weg nach oben höre ich ihn wieder über Funk fragen: »*Und jetzt, Bjarne?*« *Dieses Mal muss ich nachgeben.* »*Fahr schon los, Jens.*«

Ich hatte den Knopf am Mikrofon noch nicht ganz losgelassen, da war er schon aufgestanden und angetreten. Weg war er. Vinokourov war der einzige, der noch zu ihm aufschließen konnte, jedoch erst, nachdem Jens ein wenig das Tempo gedrosselt hatte, denn alleine wäre diese Flucht wohl doch ein zu großer Brocken geworden.

Das ist Jens Voigt, wie wir ihn kennen bei CSC. Er ist bestenfalls kurzzeitig zu bremsen. Siegeswille und Sportsgeist, Energie im Überfluss, Tatendurst, Furchtlosigkeit und Ehrlichkeit sind einige der Eigenschaften, die ich mit Jens verbinde. Er ist akzeptiert und beliebt im Team. Er scheut nicht davor zurück, die Führung und Verantwortung zu übernehmen, sowohl für sich selbst als auch für die Mannschaft. Er ist immer ein Vorbild.

Aber auch abseits der Rennstrecke ist Jens ein Kapitel für sich in der Radsportgeschichte – wenn er zum Beispiel im Teambus in seinem Sitz versinkt, entweder mit einem Buch oder mit seinem famosen Gameboy. Dann existiert die Welt um ihn herum nicht mehr, und er lässt das Radfahren Radfahren sein. Hut ab vor Menschen, die so etwas können!

Jens Voigt ist ein Mensch, der mit sich selbst im Einklang lebt. Man spürt, dass er ein solides Fundament besitzt. Dieses Fundament ist seine Familie, und ich bewundere seine Fähigkeit, einerseits genügend Motivation aufzubringen, um sein hohes sportliches Niveau zu halten, und andererseits Ehemann und Vater von bald fünf Kindern zu sein.

Jens, du bist ein Traum für jeden Sportlichen Leiter, und ich hoffe, dass du dem Rennfahrerfeld noch eine Weile erhalten bleibst. Der Radsport braucht dich.

Du bist mein Held!

Bjarne Riis

1
Der Weg zum Radsport

Der Ball ist rund –
aber ein Fahrrad ist auch nicht
so schlecht ...

Bevor ich mit dem Radsport anfing, habe ich Fußball gespielt, war da aber nie wirklich gut. Das Technische lag mir nicht, ich konnte nicht gut dribbeln und habe für meinen Geschmack viel zu wenig Tore geschossen. Einigermaßen gut war ich nur, wenn wir mit wenigen Spielern auf dem großen Feld spielten, weil ich schneller und länger laufen konnte als alle anderen und auf diese Weise auch mal ein Tor schoss. Aber wenn wir mit vielen Kindern auf einem engen Platz spielten, war ich ein-

Elfmeterschießen klappte eigentlich schon ganz gut, aber trotzdem blieb ich nicht lange beim Fußball.

fach zu schlecht. Und so ist meine Liebe zum Fußball dann auch bald erloschen.

Bei Schulsportfesten oder Kreismeisterschaften schnitt ich in der Leichtathletik immer wieder sehr gut ab, vor allem auf den längeren Laufstrecken. Dadurch sind einige Radsportler aus dem Ort auf mich aufmerksam geworden und haben mich in Absprache mit dem Schuldirektor und meinem Klassenlehrer für den Radsport gewonnen. Das ging ziemlich einfach, indem sie mir ein blitzblankes neues Fahrrad vor die Nase stellten und sagten, wenn ich zu ihnen käme und gut genug wäre, würde ich mit neun Jahren genau so ein Rad bekommen. Hey, dachte ich, ihr seid meine Freunde, ich mache mit. Ich ging hin, fuhr beim Probetraining mit und wuchs langsam in den Radsport hinein.

Meine Lehrer unterstützten das, denn ich war damals, auch wenn es das Wort dafür vielleicht noch nicht gab, ein »hyperaktives« Kind. Ich brauchte unbedingt eine Beschäftigung, bei der ich mich austoben konnte, um in der Schule wenigstens einigermaßen ruhig sitzen zu können. Nach gut drei Wochen fuhr ich das erste Rennen, ich glaube, es war die Meisterschaft im Bergzeitfahren des Bezirks Rostock. Es fand auf der Insel Rügen statt und führte hinauf zum Jagdschloss in Granitz. Ich war noch nicht ganz zehn Jahre alt, aber weil es für Neunjährige keine eigene Altersklasse gab, musste ich bei den Zehnjährigen mitfahren. Für so kleine Jungs wie mich war das richtig schwer – wir mussten vor dem Ziel praktisch alle absteigen und das letzte Stück schieben, denn eine Gangschaltung hatte keiner von uns an seinem Rad.

Ich war sehr glücklich über meinen Sieg, der natürlich einen Reflex auslöste: Ich trainierte, fuhr weitere Rennen, gewann und war für das weitere Training und nächste Rennen sofort wieder motiviert. Damals trainierten wir zweimal pro Woche etwa eine Stunde. In dem Alter hat man so viel Energie, da macht einem das nichts aus, im Gegenteil – man freut sich eigentlich dauernd auf das nächste Training und das nächste Rennen, und so wächst man fast unmerklich in diesen Rhythmus hinein, der mit zunehmendem Alter natürlich immer dichter wird. In der Altersklasse 11 trainierten wir dreimal die Woche, in der Altersklasse 12 schon viermal und dabei auch schon zwei oder drei Stunden. Schule, Hausaufgaben, Training, das wurde zum normalen Rhythmus.

Der Verein, der mich in der Schule angeworben hatte, hieß BSG Traktor Dassow. Im Vereinssymbol war allerdings ein russischer Raupenschlepper abgebildet. In Dassow betreuten mich die drei Eichberg-Brüder Hansjürgen, Erich und Ingo. Hansjürgen, der älteste, war der Vereinschef. Er hat mir die Grundlagen des Radsports beigebracht – wie man richtig auf dem Rad sitzt und seine Position findet, was es mit Grundlagentraining und Intervalltraining auf sich hat. Erich hat danach ein bisschen Härte ins Training gebracht. Er sagte: »Junge, du musst auch mal im Regen trainieren und dich durchbeißen.« Ingo schließlich hat mich als Rennfahrer geformt – meine Art, Rennen zu fahren, geht eigentlich auf ihn und sein Motto zurück: »Angriff ist die beste Verteidigung. Wenn es richtig wehtut, dann musst du noch mal angreifen, bis du alle zerstört hast.«

Mein Radsport-Held in diesen Jahren zwischen 1980 und 1984 war Olaf Ludwig. Er gewann 1982 die Friedensfahrt, was für uns Radsport-Steppkes das größte Sportereignis überhaupt war. Ich weiß noch, dass ich ein Bild von ihm an der Wand hängen hatte, das ihn mit einem Lorbeerkranz um den Hals zeigte, da war er selber noch ganz jung. Ich nahm mir immer wieder vor, auch einmal so ein Guter zu werden.

Später war auch Uwe Ampler eines unserer Idole, der die Friedensfahrt zwischen 1987 und 1989 dreimal in Folge gewann. Er wurde damals Weltmeister in Colorado Springs/USA und anschließend Olympiasieger in Seoul 1988 im Mannschaftszeitfahren mit der damaligen DDR-Nationalmannschaft. Er war einer der erfolgreichsten Sportler im Osten und somit für uns junge Radsportler gleich nach Täve Schur das ganz große Vorbild.

Leider nahm seine glanzvolle Karriere ein abruptes Ende. Uwe Ampler war immer ein guter Rennfahrer, vielleicht wurde er nach seinem Wechsel in die Profilaufbahn von den falschen Leuten beraten. Ich kann nur seine Erfolge und Leistungen beurteilen, und die waren zumindest vor seinem Wechsel ins Profigeschäft so beeindruckend, dass man gerne auf ihn geschaut hat. Dass er später bei Dopingkontrollen positiv auffiel, das hat mich sehr traurig gemacht. Persönlich kenne ich ihn nicht wirklich, aber als Junge habe ich ihn mehrmals bei der Friedensfahrt gesehen. Als die Friedensfahrt durch Berlin kam, sind wir zu ihm, aber natürlich auch zu den anderen Stars gegangenen und haben uns Autogramme geholt.

Live erlebt habe ich die Friedensfahrt erst sehr spät, weil ich damals im grenznahen Bereich zum Westen lebte. Der galt als Sperrzone, für den sogar die Einwohner einen extra Stempel im Ausweis tragen mussten – da kam die Friedensfahrt nie hin. Erst als ich dann ins Internat nach Berlin »delegiert« war – so hieß das damals –, konnte ich die Friedensfahrt aus der Nähe sehen. Wir bekamen dafür sogar schulfrei. Ein echter Knaller, mit Fähnchenschwenken und allem Trara. Die Zeitschrift »Junge Welt« machte eine Sonderausgabe mit einem riesigen Etappenplan drinnen und einer Art Sammelalbum zum Eintragen der Ergebnisse und für die Bilder der Etappensieger.

Für mich war die Friedensfahrt immer ein sehr schönes und positiv besetztes Rennen; mir gefällt die Idee der Völkerverständigung durch den Sport auch heute noch. Ich fände es sehr schade, wenn es sie tatsächlich einmal nicht mehr geben sollte. Zurzeit sieht es ja gar nicht rosig aus für diese Rundfahrt.

Die ersten Rennen

Die ersten Radsportwettbewerbe fuhren wir damals noch mit Turnschuhen und Riemchenpedalen. Ein Paar richtige Rennschuhe gab es frühestens für die Zwölfjährigen. Das war eben so und deshalb hat auch niemand dumme Sprüche darüber gemacht. Zu den Rennen fuhren wir mit dieser olivgrünen Armeeversion des Trabant – ein Kombi mit zwei Vordersitzen und zwei Sitzbänken. Wir pferchten uns da zu neunt hinein, und neun Räder mussten natürlich auch noch mitgenommen werden, auf einer Radgalerie am Fahrzeugheck. Und dann 200 km Anreise bis nach Rügen.

Ich nehme stark an, dass die Fuhre genauso abenteuerlich aussah, wie sich diese Beschreibung anhört, aber für uns war das ganz normal. Platz für einen Mechaniker oder Ersatzteile gab es nicht, was wir brauchten, musste sich jeder in seinen Rucksack packen. Am Start wurden dann die Räder zusammengebaut, die Reifen aufgepumpt, ein Tropfen Öl kam auf die Kette, und los ging's. Eine Altersklasse nach der anderen, die Jüngsten zuerst.

Ich weiß noch, dass ich mit meinem Glück über meinen ersten Sieg im ersten Rennen sechs Stunden lang wie auf glühenden Kohlen saß, bevor wir endlich heimfuhren und ich meinen Eltern davon erzählen konnte. Ein Handy gab es damals ja noch nicht, und auch nicht an jeder Ecke ein Telefon.

Dieses Auswahl-Trikot war der Lohn für den 4. Platz bei den Crossmeisterschaften der Alterklasse 12. Wie man sieht, war ich »stolz wie Oskar«!

Die meisten Rennen, an denen wir teilnahmen, fanden in unserer Region statt, in einem Umkreis von 50 bis 100 Kilometern. In Bad Doberan und Rostock fanden immer viele Rennen statt, und das war von Grevesmühlen aus gesehen »gleich um die Ecke«. Der totale Überflieger damals war Jan Schaffrath. Er gewann in den entsprechenden Altersklassen bei jeder Deutschen Meisterschaft, auf der Straße, auf der Bahn, im Zeitfahren, im Sprint oder alleine, bergauf oder bergab. Er hat damals die Rennen so gefahren und gewonnen, wie er wollte. Bei mir war das in den ersten zwei Jahren, in den Altersklassen 10 und 11, allerdings auch noch so. Ich gewann jedes Rennen, bei dem ich startete. Bei Norddeutschen und Deutschen Meisterschaften wurde ich dann immerhin einmal Zweiter, einmal Dritter. In der Altersklasse 12 fuhr ich auch Crossrennen und wurde bei der Deutschen Meisterschaft Vierter. Dafür bekam ich ein Auswahl-Trikot und war mächtig stolz.

Crossläufe und -rennen haben mir immer viel Spaß gemacht, weil ich dabei auch als eher schlechter Taktiker gewinnen konnte. Meine Devise war: Rauf aufs Rad und so schnell fahren, dass keiner mehr mitkommt. Meist klappte das auch, zumindest am Anfang. Als die Rennen dann länger und schwerer wurden, ging das leider nicht mehr so einfach – die anderen holten irgendwann doch wieder auf, und manchmal wurde ich dann übersprintet. So musste ich mich wohl oder übel doch mit der Renntaktik beschäftigen und cleverer werden.

Sportliche Highlights waren für uns die Spartakiaden, die es auf allen Ebenen vom Bezirk bis auf Landesebene gab – im Prinzip waren das immer kleine Olympiaden, und die Medaillen, die wir dort gewannen, haben uns sehr viel bedeutet. Ich weiß noch, dass wir mit einer Bezirksauswahl einmal die Bronzemedaille im Mannschaftszeitfahren bei der DDR-Spartakiade gewannen – das war eine Riesensache! Ich habe auch noch fast alle Medaillen, die ich bei diesen Spartakiaden gewonnen habe. Die DDR-Spartakiade in Berlin war ein schönes Erlebnis, auch weil man dort auf Athleten anderer Disziplinen traf, die Handballer waren da, Volleyballer, Leichtathleten, Gewichtheber, Boxer, Radfahrer.

Die Spartakiaden waren auch Teil der ausgetüftelten Nachwuchsförderung in der DDR. Der Verband, in meinem Fall der des Radsports, war eigentlich jederzeit über die Leistungen der Kinder und Jugendlichen im Bilde. Recht früh schon wurden von den Kindern Daten gesammelt und an die DHfK (Deutsche Hochschule für Körperkultur) in Leipzig eingeschickt, um sie dort auszuwerten. Man wusste früh, für welche Sportarten die Kinder geeignet sein würden, und bei mir kam eben heraus, dass ich hundertprozentig für Leichtathletik und Radsport geeignet bin. Es hätte also auch sein können, dass ich Mittelstrecken-Läufer geworden wäre. Aber ich hatte mich für den Radsport entschieden.

Der erste Schritt des Auswahlverfahrens war es, in die Bezirksauswahl zu kommen. Ich gehörte zum TSC Berlin, und wir mussten uns dort mit Fahrern messen, die über die staatlich geförderten regionalen Dynamo-Sportclubs zu Dynamo Berlin delegiert worden waren (dazu gehörten auch Jan Ullrich und Andreas Klöden, die beide jünger sind als ich, und sicher den gleichen Tests unterzogen wurden, nur zwei bis drei Jahre später), und mit den Fahrern aus den Radsportabteilungen der Armeesportvereine wie etwa Steffen Wesemann oder Frank Augustin, der als Amateur später viele Bundesligarennen gewonnen hat.

Bei den ersten Tests waren vielleicht rund 100 Kinder am Start, in der zweiten Runde waren es noch 45, dann nur noch 30. Die mussten sich dann wieder in landesweiten Tests behaupten, also gegen die Besten aus allen Dynamo- und Armeesportclubs der ganzen Republik. Solche Wettbewerbe bestanden aus Geschicklichkeitsfahren, Athletik-Tests, 3000-Meter-Läufen, Sprints auf der Bahn und Laufsprints. Es gab Zeitfahren mit fliegendem Start über hundert Meter auf der Radrennbahn, Einzelzeitfahren über 2000 Meter und Einzelzeitfahren auf der Straße über zehn Kilometer. Aufgenommen wurden schließlich zwölf Ausdauersportler (dazu gehörte ich) und drei Bahnsprinter – also insgesamt nur 15 Kinder!

Das Bewertungssystem war sehr ausgeklügelt und fair, Schwächen in der einen Disziplin konnte man durch Stärken in anderen Bereichen wieder ausgleichen. Denn es war ja klar, dass diejenigen, die auf der Bahn hundert Meter in einer Spitzenzeit fahren konnten, über zehn Kilometer auf der Straße völlig untergingen.

Ich war im Zeitfahren recht gut, beim Sprinten nicht so sehr. Gerettet hat mich mein biologisches Alter: Die sportärztliche Untersuchung ergab nämlich, dass ich im Prinzip ein Nachzügler war, bezogen auf meinen Jahrgang. Dadurch erreichte ich die benötigte Punktzahl trotz etwas geringerer Geschwindigkeit als die, deren biologisches Alter ihrem Jahrgang entsprach. So habe ich mich schließlich für die Sportschule qualifiziert, auch wenn ich selbst den Eindruck hatte, dass es ein ziemliches Gewürge war. Egal, das Motto lautete: Auf nach Berlin! Damals passte alles, was ich zum Überleben für ein Schuljahr brauchte, in einen Rucksack und eine Sporttasche. Inzwischen, 20 Jahre später, fahren drei Lkw vor, um unseren ganzen Hausstand zu transportieren.

Im Sportinternat

Für meine Eltern war das gar nicht so einfach, dass ihr kleiner Jens mit knapp 14 Jahren das Haus verließ. Besonders meine Mutter hat sich gesorgt. Telefon hatten wir zu Hause nicht, sodass ich immer zu bestimmten Zeiten von der Schule aus auf der Arbeitsstelle meiner Mutter anrufen musste, um sie zu sprechen. Ansonsten haben wir damals viele, viele Briefe geschrieben.

Obwohl mich meine Eltern sehr vermisst haben, standen sie voll hinter meiner Entscheidung. »Mach, was du denkst«, sagten sie, »wir unterstützen dich dabei.« Für einen 14-Jährigen nicht gerade selbstverständlich. Und als die ersten Mitschüler es nach ein, zwei Monaten vor lauter Heimweh nicht mehr aushielten und wieder zu ihren Eltern zurückkehrten, hatte ich auch ganz schön zu knabbern.

Das Internat war ein umgebautes Wohnhaus, die Küche hatte man komplett entfernt. Es gab lediglich eine Toilette, eine Dusche und drei Zimmer. Nach dem Einzug bekamen wir einen Erzieher zugewiesen, der für die Radsportgruppe verantwortlich war, und dann lernten wir den neuen Klassenlehrer in der Schule kennen.

Es war eine enorme Umstellung. Ich kam vom »platten Land« und, auch wenn das heute merkwürdig klingt, sah zum ersten Mal Hochhäuser, die S- und U-Bahn. Auch die vielen Menschen in der Stadt waren neu für mich. In Dassow und Umgebung lebten damals rund 3000 Menschen, jeder kannte jeden. In der Stadt, im Internat, kannte ich niemanden und musste erst einmal lernen, mich zurechtzufinden. Behütet und umsorgt aufgewachsen, fühlte ich mich auf einmal ins kalte Wasser geschubst – jetzt hieß es, entweder zu schwimmen oder zu ertrinken.

Das erste halbe Jahr war schwer. In der Schule wurde einiges mehr verlangt als zu Hause, dazu kam das häufigere Training – eigentlich jeden Tag. Das schlauchte ziemlich. Ich kam mit einem Notendurchschnitt von 1,2 nach Berlin und sackte dann erstmal auf 1,7 oder 1,8 ab. Dabei gab es im Vergleich zu heute nur fünf Noten, also keine Note sechs. Bei all den Umstellungen ging die schulische Leistung natürlich etwas zurück, und das Heimweh plagte (nicht nur) mich. Aufgeben wollte ich aber auf keinen Fall.

Den Kick zum Durchhalten gab dann das Training auf der Winterbahn. Nicht, dass ich da übermäßig gut gewesen wäre, aber es machte mir einen Riesenspaß. Bei diesen sehr intensiven Bahnrennen konnte ich gut mitfahren und fand die Auswertung der Videoaufnahmen von den Rennen auch immer interessant. Einmal, ich war während eines Rennens zwischen anderen Fahrern eingeklemmt und konnte nicht nach vorne fahren, hab' ich mir spontan mit einem Ellbogen-Check Platz verschafft. Oh je, oh je, dachte ich, das gibt Ärger. Aber als wir uns anschließend das Video ansahen, war unser Trainer völlig begeistert: »Guckt euch das an«, sagte er zu uns, »das ist Einsatzwille, das will ich sehen!« Tja. Früh übt sich ...

Bei unseren Trainingsfahrten machten wir oft am Ortsschild »Berlin« unseren Sprint. Ich erinnere mich, wie wir einmal zu einem Sprint antraten, nachdem wieder einer aus der Gruppe gerufen hatte: »Der Letzte am Schild ist doof!« Jeder sprintete los, weil keiner der Letzte sein wollte. 50 Meter vor dem Schild hieß es aber plötzlich: »Der Erste ist auch doof!« Alle bremsten plötzlich ab, und schon lagen wir auf der Straße. Unser Trainer schrie aus dem Begleitwagen: »He, was macht ihr denn da?« Zur Strafe durften wir in den nächsten drei Wochen nur noch allein trainieren. Das heißt, wir trafen uns zwar zum Training, aber der Trainer ließ uns im Minutenabstand losfahren. Er untersagte uns, unterwegs gemeinsam zu fahren ...

Schön war, dass wir bei unseren Trainingseinheiten auch Rast machten. Unser Trainer fuhr nach der Abfahrt direkt zum Bäcker und kaufte Kuchen. Dabei galt die Devise: Ab 100 Kilometer gab es ein Stück Kuchen, ab 120 Kilometer zwei Stücke und bei über 150 Kilometern sogar drei Stücke. Kuchen auf Staatskosten, das war hervorragend und echt lecker! Manche Fahrer haben beim Training noch an Gewicht zugenommen! Zum Kuchen gab es noch Tee, den die Trainer am Vormittag aus der Küche der Sportschule abholten. Für das leibliche Wohl war also rundum gesorgt!

Zu Beginn teilte ich das Zimmer mit Thomas Schöndube, er kam aus Neustrelitz in der Nähe von Neubrandenburg.

In meiner Gruppe waren noch Silvio Knape aus Bad Doberan, Heiko Rüchel aus Rostock und Thomas Wolter. Er stammte aus Schönberg, ganz in der Nähe meiner Heimat Dassow. Er hielt es allerdings nicht lange in der Kinder- und Jugendsportschule aus, er hatte wohl zu sehr mit dem Heimweh zu kämpfen und auch nicht den richtigen Biss, das viele Training durchzuhalten.

Mein erster Trainer war Lutz Meinecke, er betreute uns in der Altersklasse 14/15, und anschließend in der Junioren-Altersklasse 16/17 trainierte uns Dieter Stein. Sportler wie Erik Zabel waren zwar ein Jahr älter als Jan Schaffrath und ich, fuhren aber in dieser Trainingsgruppe mit. Die Gruppe traf sich täglich, die Rennräder bekamen wir vom Verein gestellt. Hier wurden schon unseren Leistungen entsprechend Unterschiede gemacht. Jan Schaffrath, der deutlich stärker war als ich, hatte natürlich ein neueres Rad als ich, der sich noch etwas schwer tat.

Nach dem Wechsel zur Kinder- und Jugendsportschule »Ernst Grube« und dem Umzug ins Internat 1985 wurde Dieter Stein dann 1987 mein Trainer. Dieter Stein hatte gerade seine aktive Karriere beendet, den Trainerschein erworben und war nun für die Junioren zuständig. Er hat also nicht nur mich betreut, sondern die gesamte Trainingsgruppe der 16- bis 18-Jährigen. Wir fassten schnell sehr großes Vertrauen zu dem ehemaligen Bahnrennfahrer, der sein Engagement aber nicht auf den Bahnradsport beschränkte, sondern beim TSC Berlin auch eine Straßensektion gründete. Für mich ging da ein Wunsch in Erfüllung, da ich meine Stärken ohnehin auf der Straße sah. Ich war zu diesem Zeitpunkt weiterhin Internatsschüler und von Anfang an von der Arbeit mit Dieter Stein begeistert. Für ihn spielte es keine Rolle, ob man aus einem berühmten oder unbekannten Club stammte, ob man ein guter oder schlechter Sportler war. Er hat jedem die gleiche Aufmerksamkeit gewidmet und wirklich jeden ernst genommen. Er hat sehr viel mit uns geredet und half mir wesentlich dabei, meine Anpassungsprobleme zu überwinden. Er war eine Art Ersatzvater für uns, und ich wurde dank seiner Betreuung auch in der Schule wieder besser.

Abgekämpft, aber glücklich: Ein 3. Platz im Punktefahren auf der Winterbahn 1988.

Nicht anders im Sport. Dieter wohnte nur zwei, drei Minuten zu Fuß vom TSC entfernt. Er kam aber fast immer mit dem Fahrrad. Ich war ebenfalls sehr schnell bei ihm, er hat mich auch öfter abends eingeladen. Ich saß bei seiner Familie, wir tranken Kaffee oder haben auch mal etwas unternommen.

Der Tagesablauf im Sportinternat war sehr gut auf den Sport abgestimmt. Da an den Wochenenden immer

Wettkämpfe stattfanden, trainierten wir montags nur wenig oder gar nicht, hatten dafür aber acht Stunden Schule. Unterrichtsbeginn war immer um sieben Uhr, man höre und staune. Der Unterricht dauerte bis 15.15 Uhr, danach konnte man immer noch locker trainieren oder auch mal gar nichts machen. Am Abend stand Krafttraining in der Halle auf dem Programm, da spielte es keine Rolle, ob es hell oder dunkel war. Dienstags wurde immer mehr trainiert, deshalb hatten wir manchmal nur eine Unterrichtsstunde (bis 7.45 Uhr) und fuhren um 8.00 Uhr zum Training los. Dann begann wie auch am Mittwoch der Unterricht erst wieder um 13.25 Uhr, sodass wir den ganzen Vormittag von acht bis eins trainieren konnten. Donnerstags standen wieder acht Stunden von 7.00 bis 15.15 Uhr auf dem Programm, freitags fand Nachmittagsunterricht (13.25 bis 16.00 Uhr) statt. Insgesamt konnten wir auf diese Weise gut trainieren und trotzdem den Schulabschluss schaffen.

Hinzu kam, dass die Lehrer Erfahrung mit jungen Leistungssportlern hatten. Wenn wir im Winter total durchgefroren vom Training kamen und anschließend im überhitzten Klassenzimmer fast einschliefen, wurde eben nur Stoff wiederholt oder es wurden leichtere Sachen durchgenommen. Wenn wir in der nächsten Stunde wieder etwas munterer waren, wurde das Tempo wieder forciert. In einer Klasse mit nur 15 Schülern ist es natürlich auch einfacher, auf die Bedürfnisse der einzelnen einzugehen. Nach diversen Abgängen wegen fehlender schulischer oder sportlicher Leistungen waren wir beim Abitur sogar nur noch zu dritt in der Klasse. Das war wunderbar intensiver Unterricht, allerdings ohne die Chance, sich auch mal zu verstecken, wenn man nicht gelernt oder die Hausaufgaben nicht gemacht hatte. Ich glaube, das war trotzdem gut für mich.

Die Freizeit im Internat war streng geregelt. Das Haus hatte zwei Eingänge, einen für die Jungs, einen für die Mädchen. Für alle 14-Jährigen war um 21.00 Uhr Bettruhe, um 20.30 Uhr mussten wir im Zimmer sein. Für die 16-Jährigen war um 21.30 Uhr Bettruhe, für die 17-Jährigen um 22.00 Uhr. Das wurde auch kontrolliert. Wenn wir ins Mädcheninternat wollten, mussten wir das an der Pforte melden und angeben, welches Mädchen wir in welchem Zimmer besuchen wollten.

Wenn wir einmal etwas länger außer Haus bleiben wollten, mussten wir einen Antrag stellen. Die Erzieher handhabten das teilweise recht streng, teilweise aber auch ganz vernünftig. In der wettkampffreien Zeit drückten sie eher mal ein Auge zu.

Als wir etwas älter waren, wurden ein Zimmer im Erdgeschoss oder eins mit Balkon in den oberen Etagen zum »Nachteingang«. Am Balkon hatten wir ein Seil befestigt, um nachts wieder hereinklettern zu können. Das ging so weit, dass wir ein Schiffstau kauften und Knoten hinein schlugen, damit wir leichter klettern konnten. Oben auf der Brüstung lag das Tau, an dem eine dünne, fast unsichtbare Schnur befestigt war, die bis auf Griffhöhe hinunter hing. Damit konnten wir das dicke Schiffstau herunterziehen und daran hochklettern. Wer oben war, hat das Tau wieder zurechtgelegt und das Bändchen für die nächsten herausgehängt. Irgendwann wollte allerdings das halbe Internat über unser Seil reinklettern; dem mussten wir dann doch einen Riegel vorschieben. Nicht unbedingt wegen des Schulunterrichts – aber wenn am nächsten Tag ein Wettkampf bevorstand, wollte man sich ungern nachts um drei oder vier Uhr noch wecken lassen …

Es war eben vieles anders im Sportinternat. Vor allem waren Schule und Training perfekt aufeinander abgestimmt. Wenn eine Klausur in der Schule anstand, trainierten wir etwas weniger. Mussten wir uns andererseits auf einen wichtigen Wettkampf vorbereiten, endete der Unterricht auch mal etwas früher, oder es gab weniger Hausaufgaben. Diese Absprachen haben sehr gut funktioniert. Die Lehrer achteten sehr darauf, dass wir eine vernünftige Schulausbildung bekamen. Das war sehr gut. Dabei ging es bei uns vergleichsweise offen zu, viele von uns waren ja bei Wettkämpfen schon im Ausland gewesen, sowohl im sozialistischen wie auch im nichtsozialistischen Ausland. Unser Horizont war einfach schon weiter als der der anderen DDR-Bürger, die von Westdeutschland oder Europa nur das wussten, was die offiziellen Medien berichteten.

Für junge Sportler war das ein sehr schönes System, gar keine Frage. Mir hat es eine Menge gebracht, aber am Ende war es wohl für den Staat unbezahlbar, weil an nichts gespart wurde. Das Beste war gerade gut genug – als

Vor dem Start zum Rennen Berlin–Leipzig. Für uns Junioren war das allerdings noch zu weit, und so hatten wir schon nach der Hälfte der Strecke ein speziell für uns aufgebautes Ziel erreicht.

Sportler galt man eben als Diplomat im Trainingsanzug. Darauf hat die Staatsführung sehr geachtet.

Mit 18 Jahren bin ich dann wieder aus dem Sportinternat ausgezogen. Ich wollte einfach mal sehen, wie ich alleine zurecht kommen würde, und habe eine Einzimmerwohnung auf einem Hinterhof »besetzt«, die zu diesem Zeitpunkt freistand. Ich ging zur zuständigen Wohnungsverwaltung und habe dort gesagt, hört mal zu, die Bude ist frei, der Bewohner ist abgehauen. Das wurde mir dort dann auch bestätigt, und ich konnte offiziell einziehen. Es war eine Einraumwohnung und dadurch recht groß. Im Winter musste ich morgens um sechs Uhr aufstehen und Kohlen aus dem Keller heraufschleppen, um den Ofen anzuheizen. Bis halb acht war es dann pudelwarm. Anschließend fuhr ich zum Training, um 8 Uhr musste ich am Treffpunkt sein.

Als ich Stephanie kennen lernte, ist sie bald mit in diese Wohnung eingezogen. Während ihrer Schwangerschaft haben wir uns dann nach einer größeren Wohnung umgesehen. Wir fanden schließlich ein Drei-Zimmer-Appartement im Ostberliner Bezirk Pankow, von dem aus ich später nach Frankreich umgezogen bin. Stephanie ist dann für zwei Jahre noch einmal bei ihren Eltern untergeschlüpft.

In der Nationalmannschaft der DDR

Meine Zeit in der Nationalmannschaft der DDR war vergleichsweise kurz: Den Einstand gab ich bei der Junioren-Weltmeisterschaft 1989 in Moskau, wo ich im Straßen-Vierer mit Jan Schaffrath, Steffen Wesemann und Frank Schink antrat. »Schaffi« und ich waren für einen Doppelstart vorgesehen und sollten auch im Einer-Straßenrennen antreten, doch daraus wurde nichts. Beim Mannschaftszeitfahren war es so heiß, dass wir beide einen Hitzschlag erlitten – wir haben offensichtlich noch mehr gemein als den gleichen Geburtstag. Wir haben das Mannschaftszeitfahren mit dem sechsten Platz beendet. Anschließend hat der Hitzeschlag offensichtlich eingesetzt, jedenfalls lagen wir während des WM-Rennens mit Fieber im Bett. Steffen Wesemann musste in die Bresche springen, was ihm immerhin den Gewinn der Bronzemedaille einbrachte.

Dieses Trikot habe ich mit 18 Jahren beim Csepel-Cup in Ungarn gewonnen.

Auch wenn ich vorzeitig ausscheiden musste – für mich war die WM wichtig, um für internationale Wettkämpfe dazu zu lernen. Zuvor hatte ich im Nationaltrikot nur einige Rennen im eigenen Land bestreiten können. Die Junioren-WM war mein erster Auslandseinsatz überhaupt, und ich hatte Glück, dass er nach Russland führte – ich besaß nämlich keinen Reisepass. In der DDR musste man den jeweils zum Jahresanfang beantragen, wenn man die feste Absicht hatte, ins nichtsozialistische Ausland (NSA) zu reisen. Da ich zu Beginn des Jahres noch nicht im Nationalkader der DDR war, stand eine Reise in den Westen aber nicht zur Diskussion und dementsprechend hatte ich auch keinen Pass beantragt. Hätte die WM in Österreich oder Frankreich stattgefunden, hätte ich wohl zu Hause bleiben müssen. Ins »Bruderland« nach Moskau durfte ich aber auch ohne Reisepass.

Die Mauer fällt ...

Als die Grenze zum Westen aufging, wohnte ich noch im Internat. Wir hatten die Entwicklung der vorangegangenen Monate zwar mitverfolgt, die Flüchtlingsströme, die Ereignisse in der deutschen Botschaft in Ungarn – aber trotzdem kam uns nicht der Gedanke, dass das Ende der DDR bevorstehen könnte. Am Abend des 9. November traf ich mich dann mit Jörn Reuss und dessen Frau, und wir beschlossen: Wir fahren mal rüber. Aus reiner Neugier. Im Staatsbürgerkunde-Unterricht wurde uns die Bundesrepublik und ihr System als der »sterbende, faulende, parasitäre Imperialismus« dargestellt. Das wollten wir uns endlich mal mit eigenen Augen ansehen. Wo wir die Grenze überquert haben, weiß ich gar nicht mehr. Das Auto ließen wir jedenfalls im Osten stehen, weil überall nur Staus waren und wir auch befürchteten, im Westen kein Zweitakt-Benzin für den Trabant zu bekommen.

Als erstes wollten wir uns natürlich die 100 Mark Begrüßungsgeld abholen – es hätte ja sein können, dass die Grenze bald wieder geschlossen wird. Als wir die langen Schlangen vor den Banken in Grenznähe sahen, sind wir schnurstracks tiefer nach West-Berlin hinein gelaufen. Ich habe mir von dem Geld eine Lederjacke gekauft – allerdings erst etwas später, als ich noch etwas mehr Geld hatte. Ich wollte schon etwas Ordentliches dafür erstehen.

Der Konsumschock hat uns wie ein Blitz getroffen. Wir kamen uns vor wie im Wohnzimmer des Weihnachtsmanns und schauten mit großen Augen auf die neue Welt. Dazu muss man wissen, dass unsere Familie nie viel Geld hatte. Als ich klein war, lebten wir in einem Viertelhaus, das heißt in zwei Zimmern. Als wir Kinder komplett waren – mein Bruder Ronny ist zwei Jahre älter als ich, meine Schwester Cornelia drei Jahre jünger –, war das reichlich eng. Die Wohnung hatte kein Bad, die Toilette war ein Stockwerk tiefer, und zum Duschen mussten wir ins öffentliche Bad.

Erst 1980 konnten wir in eine Vierraum-Wohnung umziehen – 64 Quadratmeter für fünf Personen, ein 100-Liter-Heißwasserboiler, WC und Badewanne. 22 Jahre haben meine Eltern in dieser Wohnung gelebt. 1987 bekamen wir unser erstes Auto, einen Trabant.

Man sieht: Der Unterschied zum Leben im Westen war schon ziemlich deutlich. Wir waren nach dem Mauerfall natürlich fasziniert davon und fuhren beinahe jeden Tag in den Westen, auch wenn sich unser Tagesablauf bis zum Ende der Schul- und Internatszeit im Frühjahr 1990 nicht wesentlich änderte. Außer, dass plötzlich immer das halbe Internat bei mir auf dem Zimmer saß. Ich hatte beim Rollberg-Rennen in Berlin-Kreuzberg den zweiten Platz belegt und einen Videorekorder gewonnen. Von Siegprämien und gespartem Geld kaufte ich noch einen Fernseher, und dann guckten wir jeden Abend Videos, bis wir eckige Augen bekamen. Schwarzenegger, Rambo, Rocky – das ganze Zeug ...

Als ich aus der Schule kam, war ich mir zunächst nicht sicher, wie es weitergehen sollte. Immerhin konnte ich von den Prämien, die ich als Rennfahrer gewann, auf bescheidenem Niveau leben, Existenzsorgen hatte ich also nicht. Dass ich dauerhaft vom Sport würde leben können, war aber auch noch nicht absehbar.

Ich überlegte, ein Studium zu beginnen. Aber wo? Und welches Fach? Biologie hätte mich interessiert, ich hatte schon immer ein Faible für Tiere und wollte als Kind gern Tierfilmer oder Förster werden. Unser Trainer Dieter Stein plante dann auch ein Projekt, bei dem Rennfahrer wie Erik Zabel, Jan Schaffrath und ich bei der Victoria-Versicherung neben dem Sport eine Ausbildung zum Versicherungskaufmann absolvieren sollten. Das erledigte sich aber für mich, als ich im Oktober 1991 zur Bundeswehr kam – zum Luftwaffenausbildungsregiment 1 in Holzdorf bei Jüterbog. Dort leistete ich drei Monate Grundwehrdienst und kam dann zur Sportförderkompanie nach Frankfurt/Oder.

Eine Zeit lang habe ich mir auch überlegt, bei der Bundeswehr eine längerfristige Laufbahn einzuschlagen. Da ich aber keine Unteroffiziersausbildung machen wollte, schob ich viele öde und eintönige Dienste und lernte die Bundeswehr auf eine Art kennen, die mich nicht motiviert hat, noch länger dabei zu bleiben, als es ohnehin nötig war.

Ab 1994, nachdem ich als Rennfahrer erste internationale Erfolge erringen konnte, reifte dann doch der Entschluss, es als Radprofi zumindest zu versuchen. Dieter Stein ermu-

Einer von denen heißt Voigt ... Die Grundausbildung beim »Bund« sehe ich heute als eine Art Abenteuerurlaub, danach kam ich zur Sportfördergruppe.

tigte mich dazu, er meinte, ich hätte das Zeug dazu. Und dann hatte ich auch das eine oder andere Aha-Erlebnis mit Rennfahrern, die gute Amateure waren und ziemlich damit haderten, nicht Profi geworden zu sein.

Die Wende – sportlich betrachtet

Als Grundstimmung ist mir in Erinnerung, dass sich damals alle Beteiligten bemüht haben, den Zusammenschluss der beiden deutschen Radsportverbände politisch korrekt ablaufen zu lassen. Klar, der Radsport West war der Platzhirsch, aber alle wussten, dass der Radsport Ost der erfolgreichere von beiden war. Also schlichen alle wie auf Zehenspitzen umeinander herum und bemühten sich um Kooperation. Alle Nationalmannschaftsfahrer aus Ost und West kamen zusammen in einen Kader, Wolfram Lindner aus dem Osten und Peter Weibel aus dem Westen wurden gemeinsame, gleichberechtigte Bundestrainer.

Natürlich musste nach einem Jahr gesiebt werden, es konnte ja kein doppelt so großer Kader weitergeführt werden. Die unterschiedlichen Ansätze im Training prallten da schon ziemlich aufeinander. Im Osten gab es keine Sponsoren und demzufolge auch keinen Druck, bei bestimmten Rennen gut zu fahren. Wichtig waren für uns nur zwei Ereignisse: die Friedensfahrt und die Weltmeisterschaften. Alles andere war Vorbereitung darauf. Wir trainierten viel, aber mit geringer Intensität – das »lang und langsam« hatte sich uns fast unauslöschlich in die Großhirnrinde gefressen.

Im Westen dagegen gab es die Bundesliga, und da mussten die Vereinsmannschaften und gesponserten Amateurteams gut aussehen. Das bedeutete, jedes oder zumindest jedes zweite Wochenende auf Top-Niveau Rennen zu fahren. Was haben wir da am Anfang einstecken müssen! Die Rennen in Wiesbaden, Mannheim und Trier zum Beispiel waren wirklich richtig schwer – wir haben viel Lehrgeld bezahlt. Ich hätte damals wahrscheinlich ohne Pause mit 40 Stundenkilometern von Berlin nach Moskau fahren können, aber keine 5 Minuten lang mit 50 Stundenkilometern. Im Rennen anzugreifen oder für eine Weile etwas schneller zu fahren, das ging nicht. Wir mussten komplett anders trainieren und uns erst an Intervalle und Sprints gewöhnen.

Im Nachhinein betrachtet waren die Bundesliga-Rennen enorm wichtig, denn sie gewöhnten uns Ost-Sportler an den Wettkampf-Rhythmus des Profisports. Und: Es gab Geld. Im Osten bekam man als Sieger meistens Blumen, eine Urkunde, einen Pokal, eventuell mal ein Spanferkel. Im Westen konnte man Geld gewinnen, das war natürlich cool. So konnte man wieder ein paar Videos ausleihen …

Mein erster Bundesliga-Sieg müsste der in Merdingen am Tuniberg, in der Nähe von Freiburg, gewesen sein – ganz sicher bin ich aber nicht. Ich konnte mich dort zusammen mit Michael Rich aus der Spitzengruppe lösen, und am Ende diesen Sprint der beiden Nichtsprinter für mich entscheiden. Aber es war sehr, sehr hart im ersten Jahr, ich hatte es mir einfacher vorgestellt. Gelohnt hat es sich trotzdem.

Nachdem wir, die Mannschaft des TSC Berlin, bei den Deutschen Meisterschaften im Mannschaftszeitfahren

In meinem zweiten Jahr als Profi sieht man mich im Trikot von »Crédit Agricole« fahren. Hier wird der Helm noch mal gerichtet, beim Start zu »Rund um Berlin« am Sportforum Weißensee.

Die schwer erkämpfte Ehrenrunde beim Rundstreckenrennen in Kiel-Mettenhof, man beachte die langen Haare.

1991 noch etwa auf Platz 15 landeten und fast eine Viertelstunde auf die Besten verloren, haben wir uns zusammen mit Dieter Stein in das Thema eingefuchst und uns mit Extra-Training gezielt darauf vorbereitet. Ein Jahr später in Mülheim an der Ruhr waren wir immerhin schon Zweiter. 1993 gelang uns dann der Coup in Forst, wo wir in der Besetzung Jan Schaffrath, Mathias Morgner, Rüdiger Knispel und Jens Voigt den Titel holten.

Sieg bei der Friedensfahrt!

Für mich als ehemaliger DDR-Bürger hat die Friedensfahrt einen ganz besonderen Stellenwert. Nach dem ich seit 1984 in Berlin an der Sportschule war und alljährlich mit Fähnchen am Straßenrand stand, um den Stars zuzuwinken, war es für mich schon früh ein ganz großer Traum, an diesem traditionsreichen Rennen teilzunehmen.

Besonders glücklich war ich, als ich die Friedensfahrt 1994 gewinnen konnte, wenn auch ohne einen Etappensieg. Ich bekam Gänsehaut, als ich auf dem Podium stand und die Friedensfahrt-Hymne abgespielt wurde. Eigentlich bin ich erst dadurch bei den Menschen in der Ex-DDR richtig bekannt geworden, und auch anerkannt. Dass ich schon andere Rennen gewonnen hatte, war nicht so sehr von Bedeutung. Wirklich wichtig war der Friedensfahrt-Sieg.

Gut in Erinnerung habe ich natürlich noch die vielen Rundfahrten, die wir im Ausland bestritten. Es war wirklich toll, Rennen wie den Circuit de la Sarthe oder die Tour de Vaucluse zu fahren. Dort traf ich zum ersten Mal auf Profis – wir fuhren gegen das Team Banesto, die Equipe von Miguel Indurain! Das hat enorm motiviert.

Mein erster Sieg im Nationaltrikot außerhalb der Friedensfahrt gelang mir bei der Normandie-Rundfahrt. Bernd

Dittert hatte uns als Trainer begleitet, Kapitän war Bert Dietz. Er belegte am Ende Rang drei in dieser schweren Rundfahrt.

Für mich war es wichtig, bei diesem bedeutenden Rennen mit einem Etappensieg auf mich aufmerksam zu machen – auf die Jens-Voigt-Weise, versteht sich: Mir gelang es, bis zum Schluss in der Spitzengruppe zu bleiben, um dann kurz vor dem Ziel alles auf eine Karte zu setzen und meine Begleiter abzuschütteln. Ich wollte es auf keinen Fall auf den Sprint ankommen lassen.

Der Sieg war so etwas wie ein kleiner Fingerzeig in die Zukunft. Es war mein erster Erfolg in Frankreich, mein Name wurde in der Öffentlichkeit bekannt, und bei mir entwickelte sich eine besondere Verbindung zu diesem Land. Dass ich Jahre später in Frankreich leben und für ein französisches Profiteam arbeiten würde, konnte ich damals allerdings noch nicht ahnen. Ich war ja noch blutjung und Amateur.

2

Vom Amateur zum Profi

Der Amateur-Weltcup

Den Amateur-Weltcup hatte ich eigentlich nie so richtig im Visier, weil ich nicht wusste, ob ich zu diesen Rennen auch vom Bundestrainer nominiert werden würde. Als ich 1994 die Niedersachsen-Rundfahrt, die Friedensfahrt und die Pacific Power Classics – alles Rennen, die zum damaligen Amateur-Weltcup zählten – für mich entschieden hatte, durfte ich auch Richtung Gesamtsieg blicken. Dazu konnte ich auch bei der Rheinland-Pfalz-Rundfahrt wertvolle Punkte für den Gesamtweltcup holen.

Ich hätte die Rundfahrt damals aber sogar gewinnen können: Ich erinnere mich noch an jene Situation, als ich auf

Grüße aus »Down under«: Mit dem Sieg bei den »Pacific Power Classics« gewann ich 1994 auch den Amateur-Weltcup.

AMATEUR-RADSPORT
Berliner Jens Voigt holt Gesamt-Weltcup

BERLIN (dpa). Der 23jährige Berliner Jens Voigt ist Gesamtsieger des Straßen-Weltcups 1994 der Rad-Amateure. Der Rennfahrer des Berliner TSC hat damit Ex-Weltmeister Jan Ullrich (Hamburg) abgelöst, der im vergangenen Jahr die durchgehende Jahreswertung der weltbesten Straßen-Amateure gewann. Mit 170 Punkten holte sich Voigt, der 1994 mit der Niedersachsen-Rundfahrt, der Friedensfahrt und der Pazific Power Classic in Australien drei von 15 Weltcup-Rundfahrten des Jahres gewann, überlegen den Gesamterfolg vor Dänemarks Straßen-Weltmeister Alex Pedersen (140) und dem Franzosen Christophe Mengin (120). Die Mannschaft des Bundes Deutscher Radfahrer wurde Gewinner des Team-Weltcups.

Voigt gewann Friedensfahrt
Hamburger Jungamateur Grabsch auf dem Ehrenrang

Trutnov. dpa
Der 22jährige Berliner Jens Voigt sicherte sich gestern im tschechischen Trutnov den Gesamtsieg bei der diesjährigen Friedensfahrt der Rad-Amateure.

Der Schützling von Trainer Dieter Stein hatte seit der 5. Etappe das Führungstrikot inne. Einen Tag später baute der TSC-Fahrer bei einem 23-km-Einzelzeitfahren mit Platz drei seine Führung sogar noch aus.

Hervorragender Zweiter wurde der gerade dem Junioren-Alter entwachsene Hamburger Ralf Grabsch, der auf der 8. Etappe mit einer Gruppe den Absprung schaffte und mit mehr als neun Minuten Vorsprung als Etappensieger das Ziel erreichte.

Das abschließende 144 km lange Rundstreckenrennen hatte gestern der Australier Robert McEwan für sich entschieden; Gesamtsieger Voigt fuhr mit dem Hauptfeld über den Zielstrich.

Einige Zeitungsausschnitte aus dem Jahre 1994 – damals waren die Überschriften noch kleiner, ich war ja »nur« Amateur ...

Ein weiterer Bericht aus dem Jahre 1994. Es war mein bestes Jahr als Amateur.

Jens Voigt dominierte Australien-Tour

Mit 5:32 Minuten Vorsprung gewann der Berliner Jens Voigt die hervorragend besetzte Etappenfahrt Pazific Power in Australien. Am Ziel in Camberra verwies er nach 1355 Kilometern den Schweden Michael Andersen und Jens Zemke (Olympia Dortmund/9:26 Min. zurück) auf die Ehrenplätze. Vorjahressieger Jan Ullrich (RG Hamburg) landete auf Rang 14, Jörn Reuß wurde 19. und Ralf Schmidt (beide RSG Frankfurt) 24. Das deutsche Team gewann auch die Mannschaftswertung, und Jan Ullrich erkämpfte sich in der Bergwertung Rang zwei hinter dem Australier Nathan O'Neill.

Für Jens Voigt war das in diesem Jahr der vierte Rundfahrterfolg nach seinen Siegen in der Südbaden-Tour, der Niedersachsen-Rundfahrt und der Friedensfahrt. Wie im vergangenen Jahr Jan Ullrich gewann diesmal Jens Voigt mit dem Erfolg in Austarlien auch den Weltcup im Etappenfahren vor Straßen-Weltmeister Alex Pedersen (Dänemark).

der ersten Etappe mit dem Norweger Svein Gaute Holestol auf der Flucht war – wir hatten einen Vorsprung von knapp zwei Minuten und noch rund 15 Kilometer zu fahren. Da mein Konkurrent am Berg deutlich schwächer war und der Vorsprung unter normalen Umständen ausgereicht hätte, um alleine ins Ziel zu kommen, hatte ich praktisch schon den Rundfahrt-Sieg vor Augen. Doch plötzlich musste ich feststellen, dass meine eigenen Kameraden aus der Nationalmannschaft angriffen. Die Attacke galt zwar

Super, Jens! Stärker als der Weltmeister
Berliner Voigt triumphierte bei der Niedersachsen-Tour

Von MARTIN DUDA

Berlin – **Mann-oh-Mann**, sind das Männer! **Berlins Rad-Stars** trumpfen in dieser Saison auf, als gäbe es keine Gegner mehr. Jetzt jubelt Jens Voigt (TSC Berlin), der die zum Weltcup zählende Niedersachsen-Rundfahrt gewann.

50 Sekunden lag Voigt in der Endabrechnung vor Weltmeister **Jan Ullrich**. Der für Hamburg startende Superstar ist eigentlich auch Berliner, erlernte sein Handwerk beim SCB.

„Ich weiche Jan nicht mehr von der Pelle", hatte sich Jens Voigt vor der letzten Etappe vorgenommen. So schaffte Ullrich zwar seinen dritten Etappensieg, doch Sekunden gutmachen konnte er nicht mehr.

Dritter der Gesamtwertung wurde **Ralf Schmidt**, auch ein Berliner. Die Mannschaftswertung gewann Team Hessen, das aber mit **Schmidt, Lehmann** und **Reuß** fast nur aus Berlinern besteht. Eine Etappe ging an **Jan Schaffrath**, ebenfalls TSC-Berliner.

Zuvor gewannen Berliner schon Rundfahrten (Taiwan) und zwei Bundesliga-Rennen (Schaffrath). Doch warum sind Berlins Rad-Cracks so stark? TSC-Trainer Dieter Stein nennt vier Gründe:

❶ Das Trainingskonzept wurde auf eine bessere Frühjahrsform hin geändert.
❷ Die Fahrer haben eine professionellere Einstellung zu ihrem Sport.
❸ Die Betreuung geht bis ins letzte Detail.
❹ Die Trainer Stein, Schulze, Jaroszewicz, Freese sind erfahren, waren auch erfolgreiche Rennfahrer.

Hier geht es um meinen ersten großen Rundfahrtsieg, ausgerechnet in Deutschland und im Nationaltrikot (Niedersachsen-Rundfahrt 1994).

nicht mir persönlich, aber die Mannschaft hielt an der verabredeten Taktik von Bundestrainer Peter Weibel fest, mit der ganzen Mannschaft 15 Kilometer vor dem Ziel anzugreifen. Ich war allerdings der Meinung, der Rennverlauf hätte diesen Plan überflüssig gemacht. Da ich zu diesem

Zeitpunkt bereits drei Rundfahrten für mich entschieden hatte, nahm ich natürlich an, dass die Mannschaft dachte, der ist heute stark, wir setzen auf Jens. Das war aber nicht der Fall. Da war ich schon richtig angefressen!

Das Jahr 1994 war jedenfalls mein erfolgreichstes Jahr als Amateur. Das fing schon sehr früh an, nachdem ich die Bundesliga-Vorbereitungsrundfahrt am Kaiserstuhl für mich entscheiden konnte. Ich war das ganze Jahr über in sehr guter Form. Mein Ziel war es ab diesem Zeitpunkt, Profi zu werden. Ich dachte damals, mit dem Amateur-Weltcup in der Tasche ständen mir Tür und Tor bei den Profirennställen offen. Da hatte ich mich allerdings gewaltig geirrt. Ich habe mich zwei Jahre lang ohne Erfolg darum bemüht, diesen Sprung zu den Berufsfahrern zu schaffen!

Es ist sehr frustrierend, nach einer so erfolgreichen Zeit zu spüren, dass dich trotzdem niemand will. Ich weiß bis heute nicht, woran das gelegen hat. Ich habe fast auf Knien gebettelt, dass mir ein Profiteam eine Chance gibt – als bester Amateur-Radsportler der Saison! Keiner glaubte an mich, ich hatte keine Lobby. Im Nachhinein hörte ich dann, dass mein Ruf damals nicht der beste gewesen sein soll. Irgendjemand hatte wohl in Umlauf gebracht, der Voigt, das ist ein Bekloppter, den kann man in keine Mannschaft integrieren.

Mich trifft das heute noch. Ich habe schon damals immer offen und ehrlich meine Meinung gesagt, daran hat sich nichts geändert, und das werde ich auch weiterhin tun.

Markenzeichen »Zähnefletschen«: Bei großer Anstrengung zeigte ich schon als Fahrer des Radteams Berlin gern mal die Zähne.

Damals hat es mich aber wohl zwei Jahre gekostet, bis ich endlich Profi werden konnte. Zwei verschenkte Jahre!

Andererseits darf man nicht vergessen, dass es Mitte der 1990er-Jahre auch deutlich weniger Profimannschaften und weniger Plätze in den Teams gab. In Deutschland existierte damals nur das Team Telekom – da war einfach nicht genug Platz für alle deutschen Talente. Aber gewurmt hat es mich schon, dass sich für den damals besten deutschen Amateur niemand interessierte.

Ein erfolgreicher Bewerbungsmarathon

Trotzdem – ich wollte nicht aufgeben. Ständig hab' ich mich gefragt, wie ich wohl doch noch an einen Vertrag heran käme. Einfach anrufen? Ich hatte von kaum einem Fahrer oder Sportlichen Leiter die Telefonnummern. Und ich sprach zu jener Zeit weder Flämisch noch Französisch oder Italienisch. Mir blieb keine andere Wahl, als Bewerbungsmappen mit meinem persönlichen und sportlichen Werdegang sowie einigen Fotos zu erstellen. Bisherige Erfolge, Lebenslauf, das Wichtigste aus meinem Privatleben – dazu kam ein Schreiben, dass ich für Testrennen gerne zur Verfügung stünde. Das alles habe ich in einer Sprachschule in einwandfreies Englisch und Französisch übersetzen lassen und je eine Mappe an die damals weltbesten 25 Mannschaften gesandt. Geantwortet haben mir lediglich zwei Teams: Rabobank teilte mir mit, dass sämtliche Plätze bereits besetzt seien, Festina ebenso.

Plötzlich aber überschlugen sich die Ereignisse: Der heutige Gerolsteiner-Teamchef Hans-Michael Holczer wollte mich für den Neuaufbau einer Profimannschaft der damaligen Kategorie GS-2 verpflichten. Kaum waren wir uns einig, wandte sich plötzlich auch Heiko Salzwedel an mich. Der frühere DDR-Nationaltrainer arbeitete inzwischen am Australian Institute of Sports (AIS) im australischen Canberra und wollte mich für ein neues Team unter seiner

Leitung engagieren. Ich sagte ihm zunächst zwar ab, doch dann zerschlugen sich Holczers Pläne von einem Profiteam. Ich war ziemlich irritiert. Sollte es mir denn überhaupt nicht gelingen, Berufsfahrer zu werden? Ich entschloss mich, den Gang nach Canossa anzutreten und Heiko Salzwedel zu fragen, ob er nicht doch noch einen Platz für mich habe. »Klar«, sagte der völlig entspannt, »jetzt bist du bei uns.« Ich hätte ihm vor Freude um den Hals fallen können! Endlich stand dem Einstieg ins Profigeschäft nichts mehr im Wege! Als *stagiaire*, als Profi auf Probe, fuhr ich Ende 1996 beim Team Giant das erste Rennen: die China-Rundfahrt. Die Commonwealth-Bank-Classics in Australien habe ich noch mit der deutschen Mannschaft bestritten. Dort wurde ich Zweiter im Gesamtklassement. Das machte Mut. Aber ich muss dazu ergänzen, auch der Sieg war drin, nachdem ich auf einer Etappe in einer Fünfer-Spitzengruppe vertreten war und am Ende des Tagesabschnitts den zweiten Platz erreichte. Der Rennverlauf ergab dann aber, dass ich Zweiter bleiben sollte.

Das Jahr 1997 begann: Ab 1. Januar war ich endlich und offiziell Berufsfahrer im Team Giant/ZVVZ. Es war ein zweitklassiges Team, aber immerhin gelang es der australisch-tschechischen Sponsoren-Kooperation, überhaupt eine Mannschaft aufzustellen, und die war schon recht gut. Ich fühlte mich sehr wohl, auch wenn ich der einzige Deutsche in der Mannschaft war.

Wir hatten viele gute Fahrer: Matthew White, Peter Rogers (der ältere Bruder von Zeitfahrweltmeister Michael

Rogers), Jay Sweet, Marcel Gono, Tomas Konecny und Jan Hruska, die später auch in großen Rennställen Erfolge feiern sollten. Es war wirklich lustig bei Giant/ZVVZ, die Harmonie untereinander war einmalig. So viel wie dort habe ich selten in meiner Profikarriere gelacht. Das Jahr in Australien war toll – schön, dass Heiko mir das ermöglicht hatte. Wir fuhren Rennen in Südafrika, in Kanada, in den USA, in Frankreich und in Deutschland, sind viel in der Welt herumgekommen. Das hat mich für vieles entschädigt, was ich in den beiden Jahren des Klinkenputzens erleben musste.

Zum ersten Mal in meinem Leben durfte ich an der Malaysia-Rundfahrt teilnehmen, die kannte ich bis dahin nur vom Hörensagen. Das Rennen ist sehr lang und topfeben – bis auf die Etappe nach Genting Highland. Da geht es einen Berg hinauf, das kann man sich gar nicht vorstellen. Ich starrte immer wieder ungläubig auf meinen Tacho – für die letzten zehn Kilometer benötigte ich exakt eine Stunde. Dazu die enorme Luftfeuchtigkeit. Ich lag einige Tage auf Platz vier, bis der Zweitplatzierte Paolo Bettini beim Quatschen im rollenden Feld mit dem Lenker seines Rades in den Lenker seines Nachbarn einhakte. Die beiden stürzten, büßten ihre Plätze ein – und plötzlich lag ich ohne eigenes Zutun auf Rang zwei. Da wurde mir klar, wie wichtig es ist, immer die Hände am Lenker zu halten. Ich konnte gerade noch ausweichen und dachte: Mensch, sind die verrückt?

Für mich war das ein guter Saisonstart, ich konnte wichtige Ranglisten-Punkte ergattern. Weitere Siege folgten, ich wurde Dritter der Friedensfahrt hinter Steffen Wesemann und Christian Henn und konnte erneut die Niedersachsen-Rundfahrt gewinnen. Ich musste mich ja auch als Jungprofi etablieren, denn ich wusste nicht, wie es mit dem Team weitergehen würde. Schon zeichnete sich ab, dass ihm keine große Zukunft mehr beschieden sein würde. Der tschechische Sponsor ZVVZ, ein Hersteller von Klimaanlagen, der auch viel in den Mittleren und Nahen Osten lieferte, geriet immer mehr unter politischen Druck der amerikanischen Regierung.

Nach deren Ansicht setzten Iran und Irak die Kühlanlagen in der Waffenproduktion ein. Die Firma ZVVZ wurde plötzlich als Lieferant der Rüstungsindustrie eingeschätzt, und die Amerikaner verboten Lieferungen in die arabischen Länder. Das Geschäft brach zusammen, weshalb ZVVZ auch das Sponsoring im Radsport einstellen musste. Ich zog also wieder los mit meinen Bewerbungsmappen …

Zum Glück kam mir Heiko Salzwedel mit seinen guten Kontakten zu Hilfe. Er sprach andere Sportliche Leiter an und machte sie auf mich aufmerksam. Bei den Commonwealth Games traf er Dennis Roux, der neben seiner Aufgabe als Sportlicher Leiter bei GAN auch die kanadische Nationalmannschaft betreute.

Die Commonwealth Games haben bei den ehemaligen Mitgliedsländern des britischen Empire einen hohen Stellenwert, fast so wie die Olympischen Spiele. Ich erinnere mich noch daran, wie stolz Stuart O'Grady war, als er dort eine Goldmedaille holte. Heiko Salzwedel berichtete Roux, dass er da zwei gute Rennfahrer habe: Marcel Gono, ein junges Talent aus Tschechien, und Jens Voigt, einen schon etwas erfahreneren Akteur. Er solle sich die beiden Jungs mal anschauen.

Ich konnte zu diesem Zeitpunkt immerhin schon einige UCI-Punkte vorweisen. Wenige Tage später machte GAN mir ein Vertragsangebot. Ich habe die Sache dann mit Heiko besprochen, und der sagte gleich: »Mach das.« Frankreich war für mich immer ein Traum, allein schon wegen der Tour de France. Allerdings war ich davon zu diesem Zeitpunkt noch meilenweit entfernt. Mit dem Ende des Teams ZVVZ ging übrigens auch für Heiko Salzwedel das Abenteuer Australien zu Ende. Er kehrte mit Frau und Sohn wieder nach Deutschland zurück.

Mein erstes Rennen 1998 war der GP d'Ouverture Marseillaise in Frankreich. Es begann relativ flach, dann kam ein recht hoher Berg, danach ging es unangenehm wellig weiter. Am Berg attackierten wir, als seien wir kurz vor dem Ziel. Ich fuhr in der fünfköpfigen Spitzengruppe, war sehr gut drauf und wollte allen zeigen, dass ich dazu gehörte.

Besonders stolz war ich, als ich den Kletterspezialisten Richard Virenque am Berg stehen lassen konnte. Am Gipfel war ich mit Fabrice Gougout (Team Casino) alleine an der Spitze. Wir ließen es etwas ruhiger angehen, die anderen kamen wieder näher – und Richard Virenque schaute mich erst einmal so richtig an. Ich konnte förmlich sehen, wie es in ihm arbeitete: Wer ist dieser Typ da an der Spitze? Wieso hängt der mich ab? Er wirkte frustriert, ich war total motiviert.

Ich sah meine Chance und dachte an meine Zukunft. Schließlich war ich fast 27. »Jens«, sagte ich zu mir, »wenn du nicht kämpfst, hast du schon verloren.« Fortan investierte ich meine ganze Kraft und Energie darin, auch künftig als Profi fahren zu können. In jenem Jahr, das war 1998, musste es unbedingt funktionieren, sonst hätte ich aufhören können. Da ich kein Neo-Profi mehr war, erhielt ich immer nur Einjahresverträge und musste praktisch aus dem Stand gut sein und überzeugen. Ich gewann das Rennen, das erste im Trikot des Sponsors GAN.

Das war ein toller Einstand für mich, weil die Mannschaft ein ziemlich durchwachsenes Frühjahr erlebte. Wir hatten viele gute Platzierungen, aber keine Siege. Es lief einfach nicht so, wie wir es gerne gesehen hätten. Da wirkte mein Sieg bei der Baskenland-Rundfahrt wie Balsam auf die Seele der Mannschaft. Zusammen mit Jörg Jaksche (damals Polti) und Paul van Hyfte (Lotto) konnte ich mich aus dem Hauptfeld absetzen, obwohl das Tempo sehr hoch war. Das Gelbe Trikot trug Laurent Jalabert, der uns wegfahren ließ, weil wir alle schon mehr als 30 Minuten Rückstand auf ihn hatten. Nach meinem Sieg rief Roger Legeay mich persönlich an, um zu gratulieren. Meine Eltern durften sich auch über den Sieg freuen. Eurosport hatte das Rennen übertragen, sodass sie mitfiebern konnten – für sie eine neue

Erfahrung. Eurosport verkündete: »Der nicht mehr ganz junge Jens Voigt hat mit 34 Jahren seinen ersten Profisieg errungen.« Dabei war ich erst 27 Jahre alt.

Als ich bei der Niedersachsen-Rundfahrt am Start stand, mussten meine Eltern noch aus Mecklenburg anreisen, um mich mal im Rennen zu erleben. Jetzt konnten sie mich gleich eine halbe Stunde später im Fernsehen sehen. Das war ein sehr schönes Erlebnis für sie.

1. Unterwegs für den Berliner TSC bei einem Bundesligarennen innerhalb des Brügelmann-Cups 1992.

2. Bundesligarennen 1993, Sieg für den TSC in der Tagesmannschaftswertung.

3. Öschelbronn 1995, rechts neben mir Ralf Grabsch.

4. Meine Frau Stephanie; wir sind uns 1994 bei der Niedersachsen-Rundfahrt begegnet.

5. 1995: Im Nationaltrikot bei der Amateurweltmeisterschaft in Duitama, Kolumbien.

6. Entscheidung am »Texas-Pass«, dem berüchtigten Scharfrichter der Regio-Tour, 1997.

7. Einzelzeitfahren der Tour de France 2000 in Freiburg, im Trikot von Crédit Agricole.

8. Wer Frankreich liebt, der zeigt es auch gern ...

9. Als stolzer Neoprofi im GAN-Trikot, Rheinland-Pfalz-Rundfahrt 1998.

10. Einer meiner ungezählten Ausreißversuche bei der Tour de France 2000, hier auf der 5. Etappe.

11. Vor der 17. Etappe der Tour de France 2001 in der ersten Reihe am Start.

12. Die Tour de France 2001 geht zu Ende: die letzten Runden auf den Champs-Elysées, vor mir Geert Verheyen von Rabobank.

13. Deutsche Straßenmeisterschaft in Bad Dürrheim 2001.

14. Mein erstes Gelbes Trikot der Tour de France, gewonnen am französischen Nationalfeiertag, dem 14.7.2001; der Etappensieg ging an Laurent »Jaja« Jalabert.

15. Paris–Roubaix 2001 – mein Jugendtraum wird wahr: Einmal ankommen in Roubaix!

16. Deutsche Meisterschaften im Einzelzeitfahren 2002, einmal mehr haben Rich und Peschel mich auf den dritten Platz verwiesen.

17. Am Start von Paris–Roubaix 2002, Autogramm auf das Programmheft – es titelte in diesem Jahr mit meinem Konterfei!

18. Bei den HEW-Cyclassics 2002, kurz vor einem heftigen Sturz.

19. Paarzeitfahren mit Christoph Moreau 2002; das Pflaster ...

20. ... hatte ich mir kurz zuvor bei der Tour de France in den Pyrenäen (11. Etappe Pau–La Mongie) geholt.

21. Impressionen von der Tour de France 2003: Prolog in Paris.

22. Deutschland-Tour 2003: Zwischen Savoldelli und Kessler, damals beide bei T-Mobile, auf der 2. Etappe von Altenburg nach Kronach.

23. Windkante bei der 5. Etappe der Tour 2003 nach Nevers, hinter mir Nicolas Jalabert in dem Trikot, das auch ich wenige Monate später tragen werde.

Umzug ins
»Mutterland des Radsports«

Nach Frankreich zog ich dann 1998. Zunächst wollte ich nur für ein halbes Jahr dort leben, um mich schnell in die Mannschaft zu integrieren, aber auch um die optimalen Bedingungen fürs Training zu nutzen. Anfangs war ich ganz alleine, meine Freundin Stephanie sah ich lange nicht. In dieser Zeit führten wir eine Telefon-Beziehung, Internet gab es für mich noch nicht. Ich hatte keinen Anschluss und auch keine Zeit dafür. Mein Training änderte sich radikal. Hieß es in der DDR immer, wir sollten die Grundlagenausdauer langsam aufbauen, sagten die Franzosen: »Lass den Quatsch«. Es hieß: »Was kannst du nicht? Hast du keine Grundlagenausdauer, oder kannst du am Berg keine 450 Watt treten? Trainier genau das, was du nicht kannst!«

Nach und nach wurden die Trainingseinheiten immer kürzer, enthielten aber stets Intervalle. Nicht anders ist es schließlich bei Rennen – die werden oft innerhalb von zehn Minuten durch den entscheidenden Antritt bestimmt. Bei zehn Minuten im roten Bereich explodiert das Feld und sortiert sich neu. Danach ist der Unterschied nicht mehr groß, die Spitzengruppe fährt vielleicht 41 km/h und die zweite Gruppe 40 km/h, also kaum langsamer, aber die Entscheidung ist gefallen. Wer gewinnen will, muss diese zehn Minuten mithalten und sich danach von der Belastung auch wieder erholen können. Ich musste sehr viele

Intervalle trainieren, um das zu erreichen – und die taten schon im Training richtig weh. Aber nur so wird man im Profiradsport besser.

Natürlich gehört dazu auch die entsprechende Grundlagenausdauer – aber nach zehn Jahren Training in der DDR merkte ich schnell, dass ich die hatte. Und ich konnte ja nicht jede Saison wieder mit dem Neuaufbau beginnen, es musste auch im anderen Training weitergehen, ich musste mich vielseitig weiterentwickeln. Es wäre damals für mich kein Problem gewesen, in meinem »Einheitstritt« quer durch Europa zu fahren – was mir fehlte, war die Spritzigkeit und die Fähigkeit zu harten, intensiven Belastungen. »Laktat mobilisieren«, wie wir Rennfahrer sagen. Und ich musste lernen, mich von diesen intensiven Belastungen auch richtig zu erholen.

Was ich in den ersten Jahren als Profi verdient habe, weiß ich gar nicht mehr so genau. Aber es war sehr wenig, etwa 30 000 Mark pro Saison. Wenn man das mit einem Facharbeiterlohn vergleicht, ist das recht bescheiden. Damals habe ich mir am Jahresende noch 2000 Mark von meinen Eltern geliehen, damit wir überhaupt in Urlaub fahren konnten. Das Geld war so knapp, dass ich die Wohnung in Berlin nicht halten konnte, als ich nach Frankreich zu GAN ging. Stephanie ist damals mit unserem ersten Sohn Marc wieder bei ihren Eltern eingezogen. An ein eigenes Haus war zu der Zeit überhaupt nicht zu denken.

Nicht anders war es in Südfrankreich. Dort habe ich mit Jay Sweet und Marcel Gono ein Haus gemietet, das war noch günstiger, als ständig hin und her zu fliegen. Auch in den ersten Jahren bei GAN konnten wir uns vieles nicht leisten. Es war eine harte Zeit, aber auch lehrreich – eine Charakterschule. Wir mussten erst mit Leistungen überzeugen, bevor wir mehr verdienen konnten. Das ist vielen Jungprofis heute gar nicht mehr bewusst, sie meinen, im Profiradsport liegt das Geld auf der Straße.

Mir ging es am Anfang darum, überhaupt erst einmal ins Profigeschäft hinein zu kommen. Wichtig war für mich, dass Stephanie mir in jeder Phase den Rücken gestärkt hat und mir Mut machte, es auf meine Weise zu versuchen. Geld stand da nicht im Vordergrund. Ich erinnere mich daran, wie Dirk Meier, der Ex-Profi und Sportliche Leiter, mir anbot, zum damaligen Team Agro Adler Brandenburg zu wechseln – für die dreifache Summe wie bei GAN. Ich hätte mehr verdient, hätte weiter in Deutschland wohnen und leichtere Rennen fahren können. Aber das war nicht mein Ding. Und Stephanie ließ mir immer die Wahl: »Wenn das für dich wichtig ist«, sagte sie, »dann mach es.« Für sie war es nicht so toll, mit unserem Kind wieder bei ihren Eltern einziehen zu müssen; wir hatten wenig Geld, sahen uns kaum – aber das hat uns auch zusammengeschweißt.

Ich habe mich dann in dieses Abenteuer hinein gestürzt, ging nach Frankreich, lernte eine neue Sprache, kämpfte mich da durch. Ich wollte es einfach wissen. Hätte ich es nicht geschafft, dann hätte ich zumindest gewusst: Ok, ich bin nicht gut genug, um als Profi zu bestehen. Aber ich wollte mir nicht den Vorwurf machen, ich hätte es nicht versucht.

Vertragsunterzeichnung bei GAN

Für mich war es natürlich eine Riesensache, in einem ausländischen Team fahren zu dürfen. Gut, ich war damals schon etwas traurig, dass das Team Telekom überhaupt kein Interesse an mir hatte. Die Pläne, für ein deutsches Team zu fahren, konnte ich ziemlich schnell abhaken, und der Vertrag bei GAN war die einzige Chance, die sich mir bot. Aber trotzdem: Dass es dann Frankreich

Im gelben Führungstrikot der »Dauphiné Libéré« 1998, das ich damals am Mt. Ventoux verlor.

wurde, war super. Am Anfang war es natürlich schwierig, meine Französischkenntnisse beschränkten sich auf »Oui«, »Non« und »Merci«. Angst machte mir das nicht, und die wichtigsten Redewendungen habe ich mir in einem Crash-Kurs in drei Wochen selbst angeeignet.

In Frankreich zu leben und zu arbeiten, war wirklich eine Herausforderung – wobei es als Radrennfahrer auch wieder sehr schön ist. Man spürt einfach, dass die Menschen in Frankreich seit vielen Jahren vom Radsport begeistert sind, dass vor allem die Tour de France ein Teil der Kultur ist. Als ich 1998 bei GAN anfing, stand uns der Festina-Skandal bei der Tour de France noch bevor, und die Begeisterung der Zuschauer am Straßenrand war schon sehr beeindruckend. In Frankreich ist fast jeder ein Radsport-Fachmann, das merkt man als Rennfahrer natürlich. Eine derartig ausgeprägte Radsportkultur kennen wir in Deutschland nicht.

Die Vertragsunterzeichnung – mein erstes Engagement bei einem erstklassigen Team – fand am Abend vor dem Klassiker Paris–Tours statt. Ich wurde für Samstag nach Paris eingeladen und war überrascht, als ich mit dem Wohnmobil am Flughafen abgeholt wurde. Nicht schlecht für einen Neuprofi, dachte ich mir, wurde aber trotzdem immer nervöser, je näher wir dem Mannschaftshotel kamen. Ich hatte furchtbar Angst, dass im letzten Moment doch noch etwas dazwischen kommen könnte, dass sie es sich anders überlegen und mich womöglich doch nicht nehmen würden. Der Stress ließ erst nach, als ich den

Ebenfalls am Mt. Ventoux; am Fehlen der Vegetation ist zu erkennen, dass wir kurz vor dem Gipfel sein müssen.

unterschriebenen Vertrag in der Hand hielt und mein künftiger Chef Roger Legeay in einem längeren Gespräch mit mir über meine kommenden Aufgaben redete.

Roger Legeay war älter als Heiko Salzwedel, schon viel länger im Radsport und natürlich auch viel erfahrener als Heiko, der mir in Australien den Einstieg ins Profigeschäft ermöglicht hatte. Heiko war mehr der Trainer, Roger eher der Geschäftsmann und Stratege. Trotzdem war er sehr nah dran am Team, hat uns gegen Kritik abgeschirmt und nie Unmögliches von uns verlangt. Er verstand es ausgezeichnet, die Sportler bei Laune zu halten und auf ihre individuellen Wünsche einzugehen. Ich erinnere mich, wie Chris Boardman immer wieder mit seinen speziellen Ideen kam, wie er dies und jenes im Training ausprobieren oder anders machen wollte. Legeay hat sich immer darum bemüht, das zu ermöglichen, auch Chris' Abenteuer mit dem Stundenweltrekord in Bordeaux. Klar, er war zu der Zeit schließlich das Aushängeschild des Teams.

Rogers Geschäftsprinzip in der Zeit bei GAN war es, nur mit einem großen Sponsor zusammenzuarbeiten. Diese Konstellation macht es letztlich auch für die Mannschaft einfacher, denn so mussten wir als Fahrer mit unseren Erfolgen nur einen Geldgeber glücklich machen. Wird ein Team von mehreren Sponsoren finanziert, ist das deutlich schwieriger, denn jeder Sponsor hat andere Ziele oder möchte seine Fahrer bei anderen Rennen vorne sehen. Der Vorteil bei GAN und später auch bei Crédit Agricole war, dass nicht alles Augenmerk auf die Tour de France gerichtet war. Sie ist zwar das größte Rennen des Jahres, aber dem Sponsor war es wichtig, dass wir während der ganzen Saison Präsenz zeigten.

Roger hat es immer wieder geschafft, Sponsoren zu finden, die genug Geld aufbringen konnten, um das Team alleine zu finanzieren. Das liegt natürlich auch daran, dass er einer der wichtigsten Männer im französischen Radsport ist. Eine Persönlichkeit, an der man sich orientieren kann und auf die immer hundertprozentig Verlass ist. Als er mir eine Vertragsverlängerung bei GAN und dem Nachfolgeteam Crédit Agricole anbot, habe ich sofort unterschrieben. Ich hatte Vertrauen in das Management und in die Mannschaft, deshalb kam für mich zu der Zeit ein Wechsel gar nicht in Frage. Es war ja auch nicht mein Ziel, auf Wanderschaft zu gehen. Ob ich woanders glücklicher gewesen wäre, kann ich nicht beurteilen – obwohl sich nach meinem ersten Jahr bei GAN auch andere Teams für mich interessierten. Mir war es aber wichtig, mit der Vertragsverlängerung auch eine Art Dankeschön an Sponsor und Management zu richten – schließlich waren sie nur ein Jahr zuvor die einzigen gewesen, die mir eine Chance gegeben hatten. Außerdem hatte ich das Gefühl, in diesem Team noch sehr viel lernen zu können.

Die Stimmung unter den Rennfahrern war sowieso kaum zu toppen, wir waren eine unheimlich nette und gut funktionierende Truppe. Wir hatten auch außerhalb des Radsports viel Spaß. Es war eine schöne Zeit mit Chris Boardman, Eros Poli und Magnus Backstedt. Auch in unse-

Meine erste, lang ersehnte Tour de France war die von 1998. Voller Begeisterung und Übermut bin ich damals gestartet – um schließlich nach zwei Stürzen in den Pyrenäen noch gerade eben bis Paris durchzuhalten.

Diese Porträtaufnahme entstand im Auftrag eines französischen Radmagazins nach meinem Tour-Etappensieg 2001.

rer Wohngemeinschaft in Toulouse war das nicht anders. Nach einiger Zeit hat sich zwar jeder sein eigenes Haus gesucht, aber wir sind trotzdem alle in der Region geblieben, trafen uns täglich und trainierten gemeinsam. Wir haben uns reihum besucht und uns gegenseitig bekocht. Fast schon legendär waren unsere Barbecues. Und, klar, beim Zug um die Häuser haben wir auch mal die eine oder andere Disco in Toulouse unsicher gemacht.

Als daher 2001 die nächste Vertragsverlängerung anstand, habe ich nicht gezögert. Warum hätte ich etwas ändern sollen, wo es doch so gut lief? Stuart O'Grady hatte bei der Tour de France das Gelbe Trikot getragen und eine Etappe gewonnen, ich konnte ebenfalls eine Etappe gewinnen. Und wir hatten in einer generalstabsmäßig vorbereiteten Aktion auch das Mannschaftszeitfahren gewonnen, was für die Mannschaft und Roger Legeay einer der tollsten und schönsten Siege überhaupt war. Der Abend nach der Zielankunft der Tour in Paris, als ich Roger meine Zusage gab, im Team bleiben zu wollen – das war einer dieser Momente, die man sein ganzes Leben lang nicht vergisst. Diese Feier und die Atmosphäre der Freundschaft, dass alle so glücklich waren miteinander, drei Wochen lang so gut zusammengearbeitet hatten – das sind Dinge, auf die ich wirklich sehr großen Wert lege. Ich mag es nicht, wenn Konkurrenzdenken und Futterneid den Umgang miteinander bestimmen. Mein Sport ist so schwer, so hart, den kann ich nicht ausüben, wenn Neid, Stress, Druck und negative Stimmung herrschen.

3

Zuhause bei der Tour de France

Toller Einstieg:
Zweiter Platz und Bergtrikot ...

Meine erste Tour de France war die Erfüllung eines Traumes – und richtig, richtig schwer. Mein Glück war, dass ich bei meiner Premiere in einer starken Mannschaft fahren konnte: Chris Boardman, Frédéric Moncassin, Eros Poli, Henk Vogels, Stuart O'Grady, das waren alles supergute Rennfahrer. Warum ich gerade da als Neuprofi eine Chance bekam, war mir gar nicht so richtig klar. Andererseits musste ich ja irgendwann einmal meine Premiere bei der Frankreich-Rundfahrt feiern.

Ich hatte mir die Nominierung zwar mit guten Leistungen in den Wochen zuvor durchaus verdient, wusste andererseits aber auch, dass in einem französischen Team bei der Tour de France nicht viel Platz bleibt für Ausländer – und mit Chris Boardman, Eros Poli, Stuart O'Grady und Magnus Backstedt war das Team schon ziemlich dicht mit Nicht-Fanzosen besetzt. Als ich dann doch dabei sein durfte, war ich überglücklich. Ich rief sofort Stephanie an, die sich mit mir freute und es gleich ihren Eltern erzählte; ich rief meine Eltern an, die es kaum fassen konnten. Nicht nur ich hatte nach dem Fall der Mauer ziemlich schnell gemerkt, dass – bei allem Respekt – wohl doch nicht die Friedensfahrt, sondern die Tour de France das größte und wichtigste Fahrradrennen der Welt ist.

Natürlich hatte ich gehörigen Respekt vor dem Abenteuer Tour de France. Von einem Etappensieg wagte ich anfangs nicht einmal zu träumen. Dabei zu sein und in Paris anzukommen, das war mein großer Wunsch. Gezielt vorbereiten konnte ich mich für meine erste Tour de France nicht. Meine Aufgabe war ganz klar die Helferrolle, ich war der Arbeiter in der Truppe, da muss man sich nicht groß vorbereiten. Ich sah einfach zu, in möglichst guter Form zur Tour zu kommen, um nicht schon auf den ersten Etappen abgehängt zu werden. Das war eigentlich alles, was die Teamleitung von mir wollte. Ich war allerdings nicht nur motiviert, ich war supermotiviert.

Der Prolog fand 1998 in Dublin statt, und wir flogen ein paar Tage vorher nach Irland. Bei den paar Trainingsfahrten vor dem Start stellten wir fest, dass jeder von uns super in Form war. Es ist schon ein tolles Gefühl, wenn man mit 40 km/h in der Führung fährt und das überhaupt nicht weh tut. Man fühlt sich wie eine Feder, die unter maximaler Spannung steht, und wartet darauf, losgelassen zu werden. Das Tour-Fieber hatte uns gepackt. Völlig neu war für mich das riesige Interesse der Journalisten. Solch einen Andrang hatte ich noch nie erlebt, ich war völlig überrascht, dass Journalisten sogar zu uns ins Hotel kamen, um mit uns zu sprechen. Das kannte ich bis dahin nicht. Ich hatte noch nie so viel mit Journalisten geredet wie vor dem Start zu dieser Tour de France.

In Deutschland hatten sich im Wesentlichen nur zwei Journalisten seit längerer Zeit für mich interessiert,

Christina Kapp vom »Radsport« und Jochen Willner, der regelmäßig für die Fachzeitschrift TOUR arbeitete. Und plötzlich stehen da Leute vor einem und wollen ein Interview, die man noch nie gesehen hat, und man fragt sich, woher die einen eigentlich kennen. Okay, vielleicht war ich da anfangs etwas naiv, wenn ich verwundert gefragt habe, woher die Journalisten wissen, in welchem Hotel ich wohne. Es war mir wirklich überhaupt nicht klar, was für ein Medienereignis die Tour ist, wie die Reporter dort auf Nachrichtenjagd gehen und was sie an Informationen bekommen. Dass alle Journalisten beispielsweise vom Veranstalter ein Heft erhalten, in dem für jeden Tag der Tour mit Landkarte/Stadtplan und Skizze verzeichnet ist, welche Mannschaft in welchem Hotel wohnt, das konnte ich mir anfangs nicht vorstellen.

Beim Prolog lief es eigentlich ganz ordentlich. Ich wurde zwar nur 25., aber die Platzierung beim Prolog darf man nicht überbewerten, die Fahrer trennen ja nach den paar Kilometern nur Sekundenbruchteile. Es war eine schöne, flache Runde mit sehr wenigen Kurven. Dass Chris Boardman den Prolog gewann, war keine Überraschung, schließlich war er zu der Zeit der beste Zeitfahrer der Welt. Das ganze Team war überglücklich – es gibt ja nichts Schöneres, als das Gelbe Trikot in der Mannschaft zu haben!

In den Tagen danach habe ich mich ein wenig auf die Bergwertungen konzentriert und so einige Punkte sammeln können. Allerdings waren das keine Berge, sondern eher Hügel. In meinen ersten Jahren bei der Tour war das noch nicht so schwer, weil zu Beginn der Etappen viel ruhiger gefahren wurde als heute. Die ersten Tempoverschärfungen kamen damals erst nach rund 50 Kilometern. Nicht anders bei der damaligen achten Etappe. Chris Boardman fand, das Tempo sei zu niedrig und fragte mich, ob ich nicht mal attackieren könne.

Gesagt, getan. Ich kam recht schnell mit einer kleinen Gruppe weg, in der außer mir keiner Punkte für die Bergwertung auf dem Konto hatte. Da an diesem Tag noch vier oder fünf kleine Bergwertungen anstanden, habe ich mich darauf konzentriert, um am Ende der Etappe zumindest für einen Tag das Bergtrikot der Tour de France zu bekommen. Auf den Etappensieg wollte ich nicht spekulieren, da ich nicht wusste, ob und wann die Sprinter-Mannschaften zur Aufholjagd blasen würden. Dann hätte ich mich vergeblich geschont und gar nichts von unserem Ausreißversuch gehabt. Als wir einen sicheren Vorsprung vor dem Hauptfeld hatten, machte ich meinen Mitstreitern deutlich, dass ich an diesem Tag das Bergtrikot ergattern wollte und sicherte ihnen zu, bei den Bonussprints für das Grüne Trikot nicht anzugreifen. Man kann ja nicht alles haben.

Das gepunktete Trikot motivierte mich enorm, deshalb war ich auch super in Form. Nach der dritten Bergwertung hatte ich genug Zähler, das Trikot war mir sicher. Erst dann konzentrierte ich mich auf den weiteren Etappenverlauf. Immer mehr Fahrer aus der Spitzengruppe konnten das Tempo nicht mehr halten und fielen zurück. Als es auf die letzten Kilometern ging, waren wir nur noch so wenige, dass der Etappensieg immer mehr ins Blickfeld rückte. Ich wollte auf keinen Fall vom Hauptfeld eingeholt werden – lieber etwas mehr arbeiten! Ich ackerte pausenlos, damit die Gruppe an der Spitze blieb. Vielleicht hätte ich pokern sollen, um Kräfte zu sparen, aber als Neuling bei der Tour hatte ich einfach noch nicht den Mut dazu.

Als klar war, dass das Hauptfeld nicht mehr herankommen würde, habe ich den Sprint angezogen – und im selben Moment meinen Fehler bemerkt: Die rechte Fahrbahnseite war sperrangelweit offen, und Leon van Bon (Rabobank) gelang es, mich zu überspurten. Ich sah ihn beim Blick nach hinten durch meine Arme hindurch heranfliegen. Ich war einfach zu aufgeregt, um richtig zu reagieren. Mann, diese Etappe zu gewinnen, das wäre der Knaller gewesen! Aber dafür war ich zu der Zeit einfach noch nicht erfahren genug als Rennfahrer.

Trotzdem: Der zweite Platz auf dieser Etappe war ein schöner Erfolg, ganz besonders für meine Eltern, die vor Ort waren und mich nach der Siegerehrung im schmucken Bergtrikot bewunderten. Sie waren total begeistert und ich sehr froh, dass meine Eltern bei meiner Tour-Premiere dabei sein konnten. Sie wohnten in diesem und den folgenden Jahren immer in meinem Haus in Toulouse, das ja für die drei Wochen der Tour leer stand, und konnten auch mein Auto benutzen. Das war praktisch, denn außer den Flugtickets entstanden ihnen so keine zusätzlichen Kosten für die weite Reise.

Das deutsche Fernsehen hat damals ausführlich über meinen Erfolg berichtet. Ein Journalist, den ich nicht kannte, kam auf mich zu und meinte: »Herr Voigt, Sie haben heute Geschichte geschrieben.« Ich schaute ihn nur verdutzt an. Als er mir erklärte, dass ich der erste Deutsche in der Geschichte der Tour sei, der das Bergtrikot erobert habe, war ich völlig überrascht. Ich wollte es erst nicht glauben – die Tour war damals schon fast 95 Jahre alt, und es sollte bis dahin noch kein Deutscher geschafft haben, ins Bergtrikot zu fahren? Unglaublich. Aber wahr.

Inzwischen ist daraus schon fast eine kleine deutsche Spezialität geworden. Einige Jahre später legte Marcel Wüst als waschechter Sprinter eine ähnliche Nummer hin. Er hatte ausgetüftelt, dass das Bergtrikot beim Prolog der Tour de France 2000 aufgrund einer Zwischenzeit an einer bestimmten Stelle der Strecke vergeben wurde und schnappte sich die Trophäe.

2005 gelang Fabian Wegmann vom Team Gerolsteiner das gleiche Kunststück, als er auf der Etappe nach Karlsruhe über 160 Kilometer vor dem Feld herfuhr und als jeweils Erster an den Bergwertungen die Punkte für das Bergtrikot einsammelte. Er konnte es zwar auch nicht lange behalten, allerdings ist Fabian im Vergleich zu Marcel und mir wirklich ein exzellenter Bergfahrer.

In Frankreich bin ich damals nicht nur durch diese Platzierung bekannt geworden. Ich fuhr ja auch für ein französisches Team und bemühte mich, mit den Journalisten französisch zu sprechen. Das gelang anfangs nur sehr holperig, mir fehlten die Worte, und ich warf die Zeitformen durcheinander. Aber die Franzosen bemerkten, dass ich mich ernsthaft bemühte, und das haben sie honoriert.

Ich habe andererseits aber auch kein Problem damit, wenn die Medien über Jens Voigt als den verrückten Deutschen berichten, der immer gewinnen will. Das ist nun mal meine Art, Radrennen zu fahren. Jedes Radrennen ist ein Wettkampf, und im Wettkampf will ich gewinnen. 200 Kilometer durch die Lande zu radeln, nur damit der Tag vorbei geht, das ist nicht mein Ding.

Dass ich in Deutschland nicht so sehr beachtet wurde, hatte natürlich noch mit etwas anderem zu tun. 1998 war das Jahr eins nach Jan Ullrichs Sieg bei der Tour de France. Logisch, dass sich alle Augen auf ihn richteten. Auch diesmal ging alle Welt davon aus, dass Ulle es wieder schaffen würde, ich eigentlich auch. Ich war selbst überrascht, als er auf der Regenetappe nach Les Deux Alpes so einbrach und von Marco Pantani abgehängt wurde. Bis dahin war bei ihm eigentlich alles nach Plan verlaufen. Klar, dass die deutschen Medien kaum Notiz von mir nahmen. Mich störte das nicht, etwas weniger Medienrummel tut manchmal ganz gut.

Wäre ich damals in einem deutschen Team gefahren, hätten die Medien bestimmt öfter über mich berichtet – und mich gnadenlos zur Schnecke gemacht, wenn es mal nicht lief. Das konnte man ja gut am Umgang mit Ulle sehen. So etwas passiert einem nicht, wenn man im Ausland fährt. Die Franzosen mochten mich vor allem wegen meiner Art, nie aufzugeben und das Glück erzwingen zu wollen. So ist auch der Spruch entstanden, der mir heute immer angehängt wird: Man muss solange auf das Glück einprügeln, bis es nachgibt.

... aber dann:
Der Festina-Skandal

Das war wirklich ein Schock! Ich als Neuprofi bei meiner ersten Tour de France, keine große Ahnung vom Profiradsport, und dann das. Ich war wirklich schwer erschüttert ...

Wir waren noch in Irland, als die Sache publik wurde. Wir hatten nach Chris Boardmans Sieg im Prolog das Gelbe Trikot, waren superglücklich, die Tour lief großartig an für uns. Und dann wird da ein Pfleger erwischt, der im Teamauto eine Wagenladung unerlaubter Medikamente zur Tour bringen will. Ich war komplett sprachlos. Schlimm war auch, dass jeden Tag neue Dinge zum Vorschein kamen, es war unglaublich! Ich hatte das Gefühl, mitten in eine kriminelle Vereinigung geraten zu sein. Es fiel mir sehr schwer, damit umzugehen. Und wenn die Journalisten mich dazu befragen wollten, konnte ich nur sagen: »Tut mir leid, ich weiß gar nichts darüber – außer dem, was ich in der Zeitung lese!«

Die Öffentlichkeit wusste vermutlich bald mehr als wir Rennfahrer in unseren Hotels und Teamfahrzeugen. Ich wollte es einfach nicht glauben, dass das Doping im gesamten Team Festina richtiggehend durchorganisiert war. Aber darum ging es, und Hotels, Busse, Autos und Lkw wurden ebenso von der Polizei durchsucht wie die Hotelzimmer.

Wie kommst du dir da vor, wenn um Mitternacht die Polizei vor deinem Zimmer steht und Fragen stellt? Du fährst die Tour de France mit und freust dich: »Boah, ein Traum wird war!«, und dann wachst du in einem Alptraum auf!

Dann wurden die ersten Fahrer nach Hause geschickt. Die einen waren der Meinung, das könnten wir nicht zulassen. Wie können die jemanden wegschicken, es gibt ja gar keine Beweise! Die nächsten haben gesagt: »Doch, auf jeden Fall muss der nach Hause geschickt werden. Es gibt eigentlich genug Beweise.«

Da wurde dann auch das ein oder andere Mal gestreikt, weil viele Fahrer nicht damit einverstanden waren, wie wir von der Polizei behandelt wurden, oder auch von der Presse. Denn einige Fahrer wurden bis morgens um zwei Uhr verhört. Es gab Streit: Die einen wollten die Tour de France abbrechen, die anderen wollten weiterfahren. Da hat Bjarne Riis, der damals das Team Telekom als Kapitän anführte und die Tour zwei Jahre zuvor gewonnen hatte, oft vermittelt. Er war der Meinung, abbrechen ginge auf gar keinen Fall. Schließlich sind die spanischen Teams aber nach Hause gefahren, noch bevor es zu dem Abstecher in die Schweiz ging.

Das war schon ein riesiges Chaos und schwer zu verdauen: Du freust dich, dabei zu sein, und plötzlich fällt alles in sich zusammen. Es war eine schwierige Zeit. Die Sache hatte Dimensionen angenommen, da kam auch bei mir der Gedanke auf, ob ich nicht im falschen Film sei.

Vor dem Thema Doping ist man wohl nie gefeit, in keiner Sportart, und demzufolge auch nicht beim Radsport. Dass aber einige Teams dabei waren, die quasi eine ganze Autoladung von Dopingmitteln besaßen, darüber war ich schon erschrocken, damit hatte ich wirklich nicht gerechnet. Mir ging durchaus die Frage durch den Kopf, ob ich überhaupt den richtigen Beruf gewählt hatte. Aber ich sagte mir dann bald: »Von solchen schwarzen Schafen lasse ich mir meine Karriere nicht kaputtmachen. Für diese Karriere habe ich schließlich Jahre lang gekämpft.« Ich wollte weiter kämpfen und dabei zeigen, dass es auch ohne Doping geht. Doping kommt für mich nicht in Frage. Wie sollte ich das wohl später meinen Kindern mal erklären?

Ein Wechselbad der Gefühle

Die ersten Tage bei der Tour waren eine Art emotionale Achterbahnfahrt. Dass Chris Boardman den Prolog gewann und das Gelbe Trikot trug, war natürlich irre – ich als Tour-Neuling in der Mannschaft des Gelben Trikots! Als Chris dann kurz darauf in eine irische Natursteinmauer krachte und nur dank seines Helmes keine schlimmeren Verletzungen davon trug, war das ein ziemlicher Dämpfer. Andererseits war ich im Tour-Fieber und dachte – den meisten Neulingen geht das in der ersten Begeisterung so: He, so schwer wie die Alten das immer sagen, ist es nun auch wieder nicht. Wenn man dann, wie ich, an einem Tag vor den großen Bergen noch in das rotgepunkte Bergtrikot fährt, ist man wirklich im siebten Radsporthimmel. Ich war so stolz: Als erster Deutscher in der Geschichte der Tour de France hatte ich das Bergtrikot erkämpft! Hey, ich hatte Geschichte geschrieben, wenn auch leider nur für einen Tag.

Als es dann tatsächlich in die Berge ging, bin ich direkt auf der ersten Abfahrt, bei Regen und Nebel hinunter vom Col d'Aubisque, zweimal übel gestürzt. Von dem sauberen Trikot war nichts mehr zu sehen, ich habe überall geblutet. An beiden Knien, an beiden Ellenbogen, an der Hüfte, am Kopf, an den Knöcheln und an der Hand. Nach der großen Freude am Tag zuvor musste ich diesmal richtig leiden und hatte wahnsinnige Schmerzen. Aufgeben kam aber nicht in

Frage, mein Wille war noch intakt; ich hatte es geschafft, bei der Tour de France dabei zu sein, also wollte ich auch unbedingt nach Paris. Das gelang mir zwar auch, aber ich bin im Verlauf dieser Tour de France auf keinen grünen Zweig mehr gekommen und konnte der Mannschaft nicht mehr viel helfen. Einige Male Trinkflaschen holen, viel mehr war nicht drin. Die vielen Verletzungen haben mich unglaublich geschlaucht und die Energie aus dem Körper gesaugt. Aber: Ich bin durchgekommen.

Für mich war die Tour-Premiere auch aus einem anderen Grund etwas Besonderes: Mein Schwiegervater Hans Jaroszewics – den alle nur Jako nannten – hatte auch das Glück gehabt, die Tour de France bestreiten zu dürfen. Als er von meiner Nominierung erfuhr, war er natürlich sehr stolz. Er nahm an den Frankreich-Rundfahrten der Jahre 1960 und 1961 teil, das war die Zeit der Nationalmannschaften. Er fuhr zusammen mit Fahrern wie Hennes Junkermann, Willi Altig, Manfred Donike, Emil Reinicke, Horst Tüller, Franz Reitz, Dieter Kemper, Dieter Puschel und Lothar Friedrich in der Deutschen Nationalmannschaft.

Mein Schwiegervater hat immer wieder von Etappen bei der Tour de France erzählt, insbesondere von den berüchtigten Bergen in den Pyrenäen und in den Alpen. Er konnte sich auch viele Jahre nach seinem Start noch an so manche Etappenziel- oder Startorte erinnern, durch die ich in der Zwischenzeit als Rennfahrer auch schon gekommen bin – auf den Spuren meines Schwiegervaters sozusagen.

Zu seinen Lebzeiten – Jako verstarb leider 2003 – hat er mir immer wieder gute Ratschläge gegeben, aber mich nie bevormundet. Seine Zeit lag zwar schon fast vier Jahrzehnte zurück, aber manche Dinge ändern sich auch bei der Tour nie. Er sagte immer wieder zu mir: »Ruh' dich aus zwischen den Etappen, und schlafe, so lange es nur geht.«

Bei meiner ersten Tour wurde mir auch klar, wie wichtig die Erfahrung bei einem solchen Rennen ist. Besonders Eros Poli war für mich als Neuling eine große Hilfe, ich konnte sehr viel von ihm lernen. Das ist ein Wahnsinnstyp: Spricht sechs Sprachen, kannte damals im internationalen Radsport Gott und die Welt. Brauchte man als junger Fahrer einmal Hilfe, dann war man bei ihm an der richtigen Adresse.

Ich erinnere mich noch gut an jene Bergetappe, als Mercatone Uno mit Marco Pantani direkt nach dem Start derart auf das Tempo drückte, dass sämtliche Nicht-Bergfahrer sofort in Schwierigkeiten gerieten. Wir jungen Fahrer wurden sofort panisch, aber Eros hat seelenruhig und mit väterlicher Miene das Gruppetto übernommen und innerhalb der Karenzzeit ins Ziel geleitet.

Die Karenzzeit wird nach dem Tempo des Siegers berechnet und soll verhindern, dass abgehängte Rennfahrer auf dem Weg ins Ziel zu sehr bummeln. Eros hat uns minutiös erklärt, wie viel Zeit wir an welchem Berg verlieren durften, und wie schnell wir in den Abfahrten und auf der Ebene fahren mussten, um im Limit zu bleiben. Das ist eine

Sache, für die man genaue Streckenkenntnis und jahrelange Erfahrung braucht. Seine Berechnungen sind immer exakt aufgegangen. Es soll sich aber keiner einbilden, dass man im Gruppetto trödeln kann, wenn man innerhalb der Karenzzeit bleiben will. Auch das ist harte Arbeit.

Wir fuhren damals am Berg genau so langsam, dass der große und kräftige Magnus Backstedt gerade eben über den Gipfel kam. In der Abfahrt mussten wir es dafür richtig laufen lassen, was ich am Anfang als total waghalsig empfand, das Risiko zu stürzen erschien mir extrem hoch.

Heute ist das meist etwas anders, da wird in der Abfahrt nicht mehr so viel riskiert. Viele Rennfahrer denken doch etwas mehr an ihre eigene Sicherheit. Das ist auch gut so, denn wir mussten in den vergangenen Jahren einige schwere Stürze miterleben, deren Opfer heute nicht mehr unter uns sind.

Vorhang auf:
Die große Schleife!

Was sich am Ende einer Tour-Etappe abspielt, das ist echt Zirkus. Zirkus als Bühne verstanden, auf die in dieser Zeit die ganze Weltöffentlichkeit blickt. Im Juli schauen alle nach Frankreich, auch Menschen, die sich sonst nicht so sehr für Radsport interessieren. Alles, was während einer Tour de France passiert, hat Gewicht und bleibt in Erinnerung. Nicht nur bei den Menschen, sondern auch bei den Sponsoren. Allein der Auftritt auf dieser Bühne kann über die Zukunft eines jeden Profis und der Mannschaften entscheiden.

1998 zum Beispiel hatten wir mit dem Team GAN eine eher schwache Saison. Bei der Tour aber gewann Chris Boardman in Dublin den Prolog, Stuart O'Grady siegte in Grenoble und Magnus Backstedt drei Tage vor Ende der Tour in Auton – übrigens der erste Sieg eines Schweden in der Tour-Geschichte. Dieses Abschneiden bei der Tour gab letztlich den Ausschlag für den Sponsor, uns weiter zu unterstützen – was angesichts des Doping-Skandals um das Team Festina bei der Tour 1998 bestimmt nicht selbstverständlich war. Aber Etappensiege bei der Tour de France haben eben ein anderes Gewicht als Siege bei anderen Rundfahrten.

Es ist wohl auch kein Geheimnis mehr, wie wichtig das Fernsehen und die Medien insgesamt bei der Tour de

France sind. Es ist kein Zufall, dass viele Fahrer Ausreißversuche genau dann starten, wenn die Fernsehübertragungen beginnen. Die Werbung für den Sponsor, wenn sein Trikot im TV zu sehen ist, ist unbezahlbar.

Ein Nachteil ist, dass man bei der Tour auf Schritt und Tritt beobachtet wird. Beim Gang zum Frühstück am Morgen stehen schon die ersten Reporter im Hotel, und am Abend, wenn man auf sein Zimmer will, hocken immer noch welche in der Hotelhalle und lauern auf ein paar Worte oder Bilder. Als ob es bei uns Rennfahrern anders aussieht, wenn wir in den Aufzug steigen, als bei anderen Menschen …

Von Privatsphäre bleibt da wirklich nicht viel übrig – aber wichtig ist, sich dadurch nicht in seinem täglichen Ablauf stören zu lassen, der bei der Tour fast minutiös durchgeplant ist, und es auch sein muss. In der Regel muss man drei Stunden vor dem Start des Rennens seinen Rhythmus finden, bei Zeitfahren fast vier Stunden vorher. Wenn also bei normalen Etappen um 12 Uhr Start ist, heißt das für uns um 9.00 Uhr Frühstück und für mich um 8.45 Uhr wecken und aufstehen.

Die meisten meiner Teamkollegen sind eher früher wach. Ich leiste mir den Luxus, bei Rundfahrten etwas länger zu schlafen, denn zu Hause bei der Familie muss ich um 7.30 Uhr Frühstück machen. Allerdings bin ich bei der Tour in der Regel pünktlich, denn ich liebe das französische Frühstück mit viel Croissants und Baguette. Einfach typisch französisch. Mein Müsli darf allerdings nicht fehlen, das zur leichteren Verdauung am Abend zuvor in Sojamilch eingerührt wird. Das Müsli muss vollständig aufgequollen sein, sonst quillt es bei mir im Magen, und das ist im Rennsattel nicht angenehm.

In der zweiten oder dritten Tour-Woche vergeht allerdings auch mir die Lust am Frühstück, Croissants hin oder her. Man ist dann ständig müde, hat kaum noch Energie und dementsprechend keine Lust, diese auch noch aufs Essen zu verwenden. Aber dann denkt man daran, was einem an diesem Tag noch bevorsteht und zwingt sich dazu. Auf das Frühstück zu verzichten wäre jedenfalls Gift.

Nach dem Frühstück gehe ich wieder auf mein Zimmer. Rasieren, Zähne putzen, Koffer packen. Die Rennklamotten, die über Nacht gewaschen wurden, liegen bereits auf den Betten bereit, ehe die Betreuer unsere Koffer abholen und in den Team-Lkw laden. Ohne unsere Masseure hätte ich übrigens echt ein Problem. Sie kümmern sich wirklich um alles, ich kann mich total auf sie verlassen. Ich muss nur noch meine Startnummern am Trikot befestigen, ehe ich dann das Hotelzimmer Richtung Teambus verlasse. Meist sind es noch einige Minuten bis zur Abfahrt, aber das muss man bei der Tour schon einkalkulieren. Häufig belagern schon die Fans das Hotel, um noch ein Autogramm zu ergattern. Gelegentlich rufe ich dann auch noch meine Frau an, frage nach den Kindern und ob es sonst etwas Neues gibt.

Die Zeit im Teambus – manchmal sind es nur zehn

Kilometer bis zum Start, manchmal aber auch hundert – genieße ich ganz bewusst. Meist lese ich Zeitung oder spiele mit meiner portablen Playstation. Übrigens lese ich die Zeitungen gelegentlich auch, um überhaupt etwas über das Rennen zu erfahren. Wenn ich am Tag zuvor beispielsweise in der Spitzengruppe war, kenne ich zwar das Ergebnis der Etappe, viel mehr aber nicht. Dann lese ich morgens nach, was sonst noch so passiert ist und was die Journalisten über uns und die anderen Teams schreiben.

Der Bus ist auch ein Ort der Ruhe. Man denkt nochmal über die Etappe des Vortages nach, konzentriert sich auf die neue Aufgabe, blättert das Etappenbuch durch. Man schaut sich das Profil der Strecke an, registriert die Sprintwertungen, und vor den ganz schweren Abschnitten rechnet man sich auch schon mal die Karenzzeit aus. Bei GAN hatten wir damals keinen Fahrer, der fürs Gesamtklassement in Frage kam. Teamchef Roger Legeay verzichtete deshalb vor den schweren Alpen- oder Pyrenäenetappen auf taktische Anweisungen und sagte immer nur: »Jungs, heute gibt's Urlaub. Wenn wir aus den Bergen raus sind, wird wieder gearbeitet.«

Seit ich bei CSC bin, ist das natürlich völlig anders. Mit einem oder sogar mehreren Fahrern, die im Gesamtklassement eine Rolle spielen können, sind die Bergetappen extrem wichtig. Da ist die Busfahrt zum Start eigentlich immer die Zeit, um die taktischen Varianten für die Etappe zu besprechen. Dann bleibt die Playstation eben aus.

Je nach Dauer des Transfers findet die taktische Besprechung auch erst statt, wenn der Bus im Startbereich seinen Platz eingenommen hat. Bjarne ist es wichtig, dass jeder Fahrer, der eine Meinung hat, sie auch sagt. Er hört sich alles an, wägt ab, aber dann entscheidet er, da gibt es kein Vertun. Wenn alles klar besprochen ist, bekommt jeder Fahrer sein Funkgerät mit dem Ohrknopf.

Dann beginnen die letzten Vorbereitungen für den Start. Helm, Handschuhe, Sonnenbrille bereit legen, Jacken und lange Rennhosen ausziehen, die Beine nochmals massieren. Bei schlechtem Wetter benutzen unsere Masseure wärmende Öle, und im Hochsommer darf Sonnencreme nicht fehlen. Da ich sehr empfindlich bin und schnell einen Sonnenbrand bekomme, besonders im Hochgebirge, muss ich auch während des Rennens nachcremen.

Danach geht es zur Einschreibkontrolle, natürlich mit dem Rad. Erstens, weil man mit Radschuhen schlecht laufen kann, und zweitens um nicht noch öfter stehen bleiben zu müssen als ohnehin schon. Es dauert eigentlich immer länger, als ich es mir vornehme. Man trifft viele Fans, einige Freunde, meine Eltern, auch meine Frau mit den Kindern. Und da will ich nicht einfach vorbei gehen, sondern mir zumindest etwas Zeit nehmen.

Was in diesen Minuten gelegentlich nervt, sind die Interviewwünsche der Radio- und Fernsehreporter. Mir ist zwar klar, wie wichtig diese Öffentlichkeitsarbeit in eigener Sache ist, aber die Zeit reicht einfach nicht, um auf alle

Wünsche einzugehen. Ich versuche deshalb, die Interviews auf die deutschen Sender ARD, ZDF und Eurosport zu konzentrieren. Man glaubt auch gar nicht, wer sonst noch alles etwas von einem wissen will. Dänische Reporter haben mich zum Beispiel immer wieder mal zu Thor Hushovd befragt, dessen Freund und Trauzeuge ich bin.

Wichtig ist mir dann, dass ich noch einige Minuten für mich ganz alleine habe, bevor der Startschuss fällt. Eine gute Gelegenheit dazu bietet das Village d'Etape, zu dem nur Rennfahrer, Gäste und akkreditierte Personen Zugang haben. Da setze ich mich gerne an den Stand meines früheren Teamsponsors Crédit Agricole und trinke noch in Ruhe ein Wasser oder einen Kaffee. Ganz interessant ist auch der Stand von France Télécom, an dem wir Rennfahrer kostenlos in alle Welt telefonieren können. Diese Gelegenheit schätzen und nutzen viele Fahrer, besonders die aus Übersee, wie die Kolumbianer oder auch die Australier.

Manche Rennfahrer gehen vor dem Start noch kurz zum Friseur im Village, um ihre Haare schneiden zu lassen. Sehr verlockend ist auch das kulinarische Angebot an den Ständen, dort gibt es oft Spezialitäten der jeweiligen Region wie Wurst oder Käse zu probieren, auch kleine warme Gerichte. Wir Rennfahrer lassen davon allerdings die Finger – sportgerecht ist das nämlich meistens nicht.

Vor lauter Begeisterung über das Gewusel und die logistische Meisterleistung, die der Veranstalter da Tag für Tag bringt, darf man aber eins nicht überhören: die Glocke, die am Eingang zum Village hängt und nacheinander die Leute im vorausfahrenden Tross und schließlich die Rennfahrer zum Aufbruch ruft!

Frühstücken wie Voigt in Frankreich ...

In der zweiten oder dritten Woche der Tour, da lasse ich gerne mal den Salat weg, der macht den Bauch nur voll und gibt wenig Energie. Da gehe ich lieber zweimal Nudeln essen oder zweimal Kartoffeln oder Reis, weil ich weiß, das ist die Energie, die ich am nächsten Tag brauchen werde. Steht abends eine Flasche Wein auf dem Tisch, dann darf jeder ohne schlechtes Gewissen ein kleines Glas Rotwein trinken.

Manchmal, wenn es wirklich sehr heiß gewesen ist und am nächsten Tag keine Bergetappe ansteht, dürfen wir uns auch mal ein Bier gönnen. Da lässt uns die Teamleitung soweit »freie Hand«. Ich werde doch wohl wissen, wann ich ein Bier trinken kann und wann nicht, und die Entscheidung dafür oder dagegen selbst treffen können. Bjarne Riis hat nie ein böses Wort darüber verloren, wenn die Fahrer sagten: »Heute war der Tag so heiß, und wir haben wirklich hart gearbeitet – und haben Erfolg gehabt.« Da kann man schon mal ein Bier trinken, das ist ja kein Problem.

Bei Etappensiegen, wenn wir als Mannschaft besonders überzeugt haben oder wenn etwa das Gelbe Trikot errungen wurde, dann gab es bisher immer ein Glas Champagner. Meist aber erst nach dem Abendessen.

Danach geht man dann auf das Zimmer. Man kann ja nicht gleich einschlafen, wenn man sich den Bauch gerade voll geschlagen hat, also ruft man noch mal zu Hause an. Dann fragst du, ob die Kinder schon im Bett sind, was alles gewesen ist, ob die Kinder ihre Hausaufgaben gemacht haben, ob eine wichtige Arbeit in der Schule geschrieben wurde und was sonst so ansteht. Natürlich erzählst du auch, was an deinem eigenen Tag so los gewesen ist.

Wobei man abends nach einer Etappe andererseits oft gar keine Gedanken mehr an den Radsport verschwendet. Man ist einfach müde! Logischerweise hat man dann aber auch keine große Moral mehr, noch andere Dinge auf die Beine zu stellen. Am Abend bist du einfach kaputt, du spürst dann in jedem Knochen, dass du gerade unzählige Kilometer durchgefahren bist. Meistens habe ich dann nur noch einige Sätze für die Tour-Kolumne verfasst. Nach einem harten Tag fällt das aber auch nicht immer ganz leicht.

Bei CSC haben wir so einen Trupp von Frühaufstehern. Wenn um 9.00 Uhr Frühstück ist, dann bin ich häufig der letzte, der zum Frühstück kommt. Die Frühaufsteher sitzen dann manchmal schon eine Stunde herum. Da ist vom Müsli schon oft nichts mehr da gewesen. Wir haben die Tische selbst eingeteilt: einen Rennfahrertisch und einen Tisch für Nichtrennfahrer, also die Betreuer, die Sportliche Leitung. Die denken dann oft, dass alle Fahrer schon da sind oder bereits da waren, und dann essen sie das Müsli auch gern selbst. Das schmeckt immer gut, das ist so schön

Beim Frühstück in dem Wohnhaus, das ich in Frankreich gemietet hatte. Das Fahrrad stand tatsächlich immer dort, nur der Tisch wurde für das Foto extra hübsch gedeckt.

weich, mit frischen eingerührten Früchten. Und dann komme ich um 9.00 Uhr, und es ist kein Müsli mehr da.

Das ist mir einige Male passiert, und dann habe ich gesagt: »Leute, das geht so nicht. Ich bin der einzige, der sich an den Zeitplan hält. Lest mal hier, Schwarz auf Weiß, habt ihr ja selbst geschrieben, Sportsfreunde: Frühstück um 9.00 Uhr! Wenn da um 9.00 Uhr steht, dann komm ich um 9.00 Uhr. Wenn alle Frühaufsteher dann schon wach sind und vorher das Müsli aufessen, dann krieg ich nichts mehr ab, obwohl ich der einzige bin, der den Zeitplan einhält!«

Da haben mich alle erstmal so ein bisschen verlegen angelacht. Unsere Pflegerin Sabine Lüber kam dann auf die

Idee, für mich ein kleines Extragefäß abzufüllen. Also stand da eines Tages so ein kleines Tupperdöschen vor mir, mit einer Aufschrift: »Jens Müsli, do not touch!« – bitte nicht berühren. Das hat dann auch sehr gut funktioniert, bis irgendwann so ein Witzbold auf die Idee kam, das Döschen zu verstecken. Wo ist mein Müsli? Weiß nicht, Müsli ist alle, haben wir aufgegessen …

»Mensch, Leute«, habe ich gesagt, »ich bin ja immer ganz easy. Aber es gibt zwei Regeln: Spielt nicht mit meinem Gameboy, und spielt nicht mit meinem Essen! Ansonsten könnt ihr machen, was ihr wollt.« Sie haben schon begriffen, dass ich sauer war. Später haben sie es dann doch wieder rausgerückt. Keiner wollte so richtig zugeben, wessen Idee es war, aber jedenfalls gab es einen extra großen Teller, eine extra Portion Müsli.

Sabine ist wirklich ein Engel in solchen Dingen. Damals hatten wir auch noch Robyn, eine australische Physiotherapeutin, die waren ein echtes Dreamteam.

Irgendwann kam Bjarne dann mal an den Tisch und fragte, was denn nur mit meinem Müsli los wäre, und: »Was hast du denn bloß in dieser komischen Dose?« Ich sagte: »Das ist ganz normales Müsli, das hier alle essen. Das ist nur in einem Extra-Gefäß, damit mir das keiner wegfuttert. Wenn die ganzen Frühaufsteher schon da waren, ist nämlich oft nichts mehr da, obwohl ich pünktlich um 9.00 Uhr zum Frühstück komme.« Er schaute mich etwas zweifelnd an und sagte: »Du musst entweder beliebt sein oder ein Superstar.«

Gelegentlich habe ich auch mit Inline-Skates Baguettes geholt …

Eine ganz normale Etappe bei der Tour de France

Während sich die Rennfahrer zum Start aufstellen, sind zwar alle ein wenig nervös, aber man quatscht auch miteinander. Bei anderen Rennen, bei denen nach dem Startschuss eine neutralisierte Phase folgt, kann man sich auch in dieser Zeit noch ein bisschen unterhalten – bei der Tour nicht. Der Veranstalter hat diese neutralisierten Phasen extra eingeführt, damit die ganze Horde nicht gleich wie wild losrast und die Zuschauer noch ein bisschen länger etwas zu gucken haben. Aber bei der Tour de France haben trotzdem alle Angst, dass mit dem »scharfen«, also dem eigentlichen Start sofort attackiert wird und drängeln deshalb heftig, um möglichst weit nach vorne ins Feld zu kommen. Da ich nun mal bei Fans und Kollegen als harter Angreifer bekannt bin, sind natürlich alle alarmiert, wenn ich während der neutralisierten Phase weit vorne im Feld fahre. Andererseits sollte sich langsam herumgesprochen haben, dass ich auch nicht mehr wie ein junger Amateur gleich die ersten Attacken mitgehe. Es dauert erfahrungsgemäß ja doch 50 bis 70 Kilometer, bevor es eine Gruppe schafft, sich vom Feld abzusetzen.

In dieser Phase allerdings muss man hellwach sein, denn man weiß nie, welche Gruppe es jetzt wirklich schafft – dafür sind die Interessen der Mannschaften zu unter-

Im Gespräch mit Rudi Altig vor einer Touretappe. Der 2-fache Weltmeister verstand die Rennsituationen immer sehr gut.

schiedlich. Die einen wollen nur ihr Trikot in die Fernsehkameras halten, andere sind auf Punkte bei Sprint- oder Bergwertungen aus, wieder andere wollen die Mannschaft zum Arbeiten zwingen, die das Gelbe Trikot in ihren Reihen hat. Manchmal haben mehrere Teams auch das gleiche Interesse, die arbeiten dann für begrenzte Zeit zusammen. Den Sprinter-Teams zum Beispiel ist es oft ganz recht, wenn eine kleine Gruppe wegfährt, deren Vorsprung sie dann gemeinsam kontrollieren, damit Ruhe herrscht im Feld.

Wenn dann der Zeitpunkt gekommen ist, die Ausreißer wieder einzuholen, damit es danach zum erwünschten Massensprint kommen kann, reihen sich deren Helfer alle ein. Im Finale kämpft dann wieder jede Mannschaft für sich. Daran sieht man: Radfahren ist nicht nur ein Sport für die Beine, sondern auch für den Kopf.

Aus meiner Sicht gibt es im Prinzip nur zwei Strategien: Man spart seine Kräfte und fährt zwei oder drei richtige Angriffe mit aller Konsequenz, damit sich wirklich eine Gruppe bildet, oder man fährt einfach in jeder Gruppe mit, die zu entwischen droht. Letzteres ist die Taktik, die ich bevorzuge, um möglichst bis zum Ende der Etappe dabei zu sein und mir die Chance auf den Sieg zu erhalten. Das heißt für mich: weniger pokern, mehr anstrengen. Wenn man in vielen Gruppen vertreten ist, steigt die Chance, auch in der Gruppe dabei zu sein, die später um den Sieg fahren wird.

Es gibt dann Tage, da findet der härteste Teil der Etappe nach der Zieldurchfahrt statt. Etwa dann, wenn ich ausgepumpt und durchgeschwitzt, mit brennenden Beinen, durstig und hungrig, zum Teambus will und mir relativ rüde eine Kamera oder ein Mikrofon in den Weg gehalten werden. Sicherlich sind Live-Töne für Fernsehen und Radio notwendig, aber in diesem Moment geht es eigentlich vor allem um meine Gesundheit. Ich gehe bestimmt keiner kritischen Frage aus dem Weg – aber dürfte ich bitte vorher kurz duschen und trockene Klamotten anziehen? So viel Zeit muss doch eigentlich sein, ich will ja am nächsten Tag wieder gesund in den Sattel steigen.

Wichtig ist es, schon auf dem Weg zum Hotel etwas zu essen und zu trinken, ein Sandwich und ein Proteingetränk zum Beispiel, um verlorenes Eiweiß und Mineralien wieder zu ersetzen. Die erste halbe Stunde nach der Belastung ist da immens wichtig, das weiß jeder Rennfahrer, der bei einem Sturz oder einer Erkrankung schon einmal die Erfahrung gemacht hat, wie empfindlich der Körper während der drei Wochen Tour de France werden kann. Da reicht dann schon der kleinste Anlass, und man verliert so viel Substanz, dass man jeden Tag nur noch abgehängt wird.

Wichtige Handlung im Bus ist es übrigens auch, meine Startnummer von den nassen Klamotten zu entfernen, bevor die in den Waschsack wandern. Sie dient als Souvenir für gute Freunde oder für einen Radladen in Berlin, der mir immer mal wieder was am Rad bastelt. Mit meiner persönlichen Widmung ist die Nummer immer heiß begehrt.

Wenn wir Rennfahrer dann ins Hotel kommen und auf den Zimmern schon unsere Koffer vorfinden, haben unsere Masseure und Betreuer schon einen ganzen Arbeitstag hinter sich, der aber trotzdem noch lange nicht zu Ende ist. Ein Team aus Masseur und Mechaniker fährt morgens kurz nach dem Frühstück mit dem Team-Truck, in dem neben Werkzeug und Material auch eine Waschmaschine samt Trockner mitreisen, vor ins nächste Hotel. Dort angekommen, versorgt der eine den Truck mit Wasser- und Stromanschluss, während der andere die Montageständer aufbaut, um abends unsere Räder zu waschen und durchzuchecken.

Bei schönem Wetter, wenn auch die Räder von der Etappe kaum schmutzig sind, ist das durchaus ein angenehmer Job, bei dem viel palavert und gelacht wird. Wenn es aber regnet oder kalt ist, was in den Etappenorten der Alpen oder Pyrenäen immer mal passieren kann, oder wenn nach Regenetappen neun total verdreckte Räder zu warten sind, ist das schon weniger nett. Manchmal kommt Unvorhergesehenes dazu, etwa wenn ein Fahrer gestürzt ist und sein Rad repariert oder sogar ein ganz neues aufgebaut werden muss. Weil ich weiß, was das für ein Stress-Job sein kann, gehe ich nach dem Abendessen immer mal zu den Mechanikern, um mit ihnen zu quatschen und zu zeigen, dass ich ihre Arbeit wirklich schätze.

Vor allem Mannschaftszeitfahren sind für die Mechaniker Großkampftage, denn für jeden der neun Fahrer eines Teams müssen gleich zwei Zeitfahrräder bereit sein, eins für das Rennen, eins als Ersatz, wenn etwas kaputt geht. Es passiert nicht selten, dass wir Rennfahrer schon im Bett liegen, während man draußen vor dem Hotel noch die Dampfstrahler zischen hört.

Nicht anders bei den Masseuren. Noch bevor wir im Etappenziel sind, haben sie unsere Koffer ins Hotel gebracht, die Zimmer eingeteilt, Verpflegung vorbereitet und die Schlüssel in Empfang genommen. Wenn wir eintreffen, drücken sie uns den Schlüssel in die Hand und sagen: »Zimmer 315, hier in der Halle links ist der Aufzug.« Das ist schon sehr komfortabel. Wenn das Hotel nahe am Ziel liegt, verzichte ich auf das Duschen im Teambus, son-

»Überraschungsangriff« eines weiblichen Fans beim Einschreiben! Ich war völlig überrumpelt, wie man wohl erkennen kann.

dern fahre gleich mit dem Rad ins Hotel und dusche bequem im Zimmer. Vorteil der Fahrt mit dem Rad: Man kann abkürzen und ist schnell im Hotel, und wer früh da ist, kann auch schneller zur Massage.

Während der Tour de France betreut mich Sabine Lüber, eine der wenigen Frauen in diesem Job. Ich kenne sie schon aus der Zeit, als sie für das ehemalige Team Nürnberger gearbeitet hat. Bevor ich ins Hotel komme, rufe ich sie an und mache mit ihr einen Termin aus – wer sich bei ihr zuerst meldet, bekommt auch den ersten Termin, das kann um 17 oder 18 Uhr sein.

Bei der Massage werden nicht nur die Beine durchgeknetet, sondern auch der Rücken, der sich von der Haltung auf dem Rad und der Anstrengung zunehmend verspannt. Das ist wirklich sehr angenehm, man fühlt sich nach der Stunde auf dem Tisch locker und erholt. Wichtig: pünktlich sein! Bekommt man aber doch erst einen späteren Massagetermin, kann man nach dem Duschen noch ein bisschen schlafen – dann weiß Sabine schon, dass sie mich eventuell wecken muss … Wenn ich nicht einschlafen kann, rufe ich zu Hause an und erzähle von meinem Tag. Meine Frau und meine Kinder warten schon immer auf den Anruf. Ansonsten verbringe ich die Zeit bis zum Abendessen mit Lesen oder schaue auf den Plan für die nächste Etappe.

Nach der Massage geht man noch zum Teamarzt, der den Rennfahrerkörper durchcheckt und vor allem den Blutdruck misst. Tägliches Wiegen ist für uns alle Pflicht, um zu kontrollieren, dass der Verlust an Körpergewicht im Rahmen bleibt und unser Flüssigkeitshaushalt in Ordnung ist.

Der Zauberer in unserem Betreuer-Team bei CSC ist Ole, der Osteopath – ich schwöre, er kann (Schein-)Tote wieder zum Laufen bringen! Osteopathie ist im Prinzip eine Variante der Physiotherapie. Mit speziellen Griffen und Techniken behandelt dieser Zauberer lädierte Körperteile. Was er mit seinen Techniken alles bewegen kann, das grenzt schon fast an ein Wunder. Ich erinnere mich noch an die Tour 2004, als er Bobby Julich so hinbekommen hat, dass der trotz seines Handbruchs das Ziel in Paris erreichte.

Auch bei Rücken- oder Kniebeschwerden ist er eine wichtige Hilfe. Es wirkt manchmal etwas komisch, wenn er dazu am Fuß rüttelt und auf diverse Verspannungen hinweist. Er zieht interessante Rückschlüsse auf Fehlstellungen auf dem Rad. Besonders bei Rücken- oder Knieschmerzen kann die Ursache sein, dass der Fuß nicht richtig in den Schuh passt. Es findet solche Kleinigkeiten heraus.

Ole drückt es so aus: »An dieser Stelle sind die Energiebahnen blockiert, und meine Aufgabe ist es, dafür zu sorgen, dass die Energie wieder fließen kann.« Das war für mich völlig neu. Oles Methoden haben mich aber überzeugt, die Ergebnisse sprechen für sich. Ich möchte auf die Behandlungen nicht mehr verzichten, denn ich fühle mich seitdem besser, freier und beweglicher. Inzwischen hat sich das natürlich bei anderen Teams herumgesprochen, sodass wir gelegentlich um Rat gebeten werden. Bjarne hat grundsätzlich nichts dagegen, aber es darf zeitlich nicht zum Nachteil unserer Mannschaft sein.

Manchmal ist es schon schwierig, bei Ole noch einen Termin zu finden, da auch unsere Mechaniker, Masseure und Sportlichen Leiter von ihm behandelt werden, wenn es irgendwo zwickt. Auch Bjarne, der ständig im Stress ist, benötigt diese Unterstützung, um besser relaxen zu können. Ich gehe alle zwei oder drei Tage bei Ole vorbei, um mich durchchecken zu lassen, meist vor dem Abendessen, denn das beginnt selten vor 20.00 Uhr und oft genug noch später.

Team CSC Schedule

Tonight's dinner (riders): 20.30 Personale 20.30

Date: 11-03-2007

RACE: 5 Etape
Km: 151

Race neutral start: 9.40
Official start: 9.45

Meeting : BUS

Wake-up: 7.00

Breakfast: 7.10

Lunch   :

Suitcase ready: 8.00

Departure from hotel:
            BIKE:
            CAR: 8.15

Distance to the start : 50 km

Transfer to Hotel after race : 0km

Guest's :

Typischer Zeitplan während eines Etappenrennens – man erhält ihn abends und hangelt sich daran durch den Tag.

Manche meiner Kollegen legen sich bereits am Vorabend ihre Klamotten für den nächsten Tag bereit, inklusive Startnummern. Das ist zwar vorbildlich, aber zu denen gehöre ich nicht. Mein Zimmerkollege Bobby Julich zum Beispiel ist da sehr ordentlich, sein Koffer ist immer aufgeräumt. Da kann ich noch viel lernen. Mein Koffer ist im Prinzip die feste Hülle um einen großen Haufen Unordnung. Bobby lacht immer, wenn ich krampfhaft versuche, den Koffer zu schließen. Es kann schon mal passieren, dass ich mich draufsetzen muss, damit er zugeht.

»Du könntest dein Leben viel einfacher gestalten«, sagt Bobby dann, »wenn du nur eine halbe Stunde früher anfangen oder am Vorabend deinen Koffer packen würdest.« Ich kann dann nur antworten: »Dafür habe ich keine Moral. Für mich ist Kofferpacken schon das erste Rennen des Tages.« Wenn es mir gelingt, den Koffer zu schließen und ihn unbeschädigt und rechtzeitig vor der Abfahrt abzugeben, ist das für mich aber auch schon der erste Sieg des Tages. Ich kann es gar nicht anders, ich muss es so haben. Beim Kofferpacken – auf meine Art – baue ich so viel Stress ab, dass ich das Gefühl bekomme, das eigentliche Rennen kann eigentlich gar nicht mehr so schwer sein ...

Zurück zur Abendgestaltung: Gespräche mit den Kameraden gehören natürlich auch dazu. Bjarne etwa kommt regelmäßig noch vor dem Abendessen zu uns in die Zimmer und fragt, wie es uns geht. Zugleich schildert er seine Eindrücke von jedem einzelnen Fahrer. Es gibt da mal Lob, aber auch mal Kritik. Und wir sprechen dann natürlich auch über die kommenden Etappen.

Bjarne Riis ist in diesem Punkt ein unermüdlicher Sammler. Unentwegt sammelt er Informationen und Eindrücke der Fahrer, um immer ein umfassendes Bild seines Teams zu haben. Mit diesen Informationen bastelt er an der Taktik für den nächsten Tag. Wenn die meisten der Meinung sind, dass sie körperlich nicht in guter Verfassung sind, dann sagt er auch mal: »Jungs, morgen machen wir einen ruhigen Tag, wir werden nicht angreifen.« Wenn aber alle sagen, heute waren wir super drauf, konnten aber nicht attackieren, weil einer von uns in der Spitzengruppe vertreten oder wir im Feld eingebaut waren, dann kann es schon sein, dass er für den nächsten Tag vorgibt: »Jens, morgen bist du an der Reihe!«

Heikler Auftrag:
Jan Ullrich einfangen

Es war die 15. Etappe der Tour de France 2004. Bjarne Riis hatte am Morgen zu mir gesagt: »Du fährst heute in der Spitzengruppe mit, damit wir dort vertreten sind und das Rennen kontrollieren können.« Unser Ziel war es, das Tempo an der Spitze etwas zu verschleppen, um Ivan Basso und Carlos Sastre, unsere beiden Fahrer fürs Gesamtklassement, ein wenig zu schonen.

Zunächst lief alles nach Plan. Ich war in der Spitzengruppe vertreten, während im Feld hinten der Druck auf Jan Ullrich und sein Team T-Mobile ständig zunahm. Er hatte am Tag zuvor Fehler gemacht und es versäumt, in der entscheidenden Situation anzugreifen. Jetzt war es nur eine Frage der Zeit, bis er sich rühren würde.

Als Jan Ullrich angriff, flog das Feld sofort auseinander. Er fuhr bärenstark. Als ich über Funk hörte, dass er hinter uns war, fragte ich, was ich tun solle. In unserem Begleitfahrzeug war man sich nicht gleich einig. Zunächst hieß es, fahr einfach mal weiter. Kurz darauf rief Bjarne, ich solle mich zurückfallen lassen, um Ivan Basso wieder an Jan Ullrich heranzufahren. Discovery war zu diesem Zeitpunkt schon geschwächt, Lance Armstrong hatte nur noch José Azevedo als Helfer und würde es alleine vermutlich nicht schaffen, Ullrich einzuholen.

Ich hatte mein Tempo kaum gedrosselt, da kam Ulle schon an mir vorbei geschossen. Meine Chancen auf einen Etappensieg konnte ich damit begraben. Ich gebe zu, dieser entgangenen Gelegenheit habe ich kurz nachgetrauert, aber es war klar, dass ich meinen Job machen würde. Hätte ich an meiner Chance festgehalten und damit möglicherweise Ivans Platzierung im Gesamtklassement gefährdet, hätte Bjarne Riis mich am nächsten Tag nach Hause geschickt, und zwar zu Recht. Ein Fahrer, der in einer Krisensituation nicht das umsetzt, was man von ihm erwartet, hat in der Mannschaft nichts zu suchen.

Wir bildeten also mit Discovery eine Art Zweckgemeinschaft, schließlich hatten wir ein gemeinsames Ziel, nämlich Jan Ullrich einzuholen. In diesem Augenblick war Lance Armstrong für Ivans Position weniger gefährlich als Jan Ullrich, der mit zwei Minuten Vorsprung vorne lag. Für Lance Armstrong wiederum war Jan zu diesem Zeitpunkt gefährlicher als Ivan Basso, der an seiner Seite fuhr. Floyd Landis, José Azevedo und ich haben das Tempo immer wieder erhöht, und es gelang uns tatsächlich, Jan Ullrich kurz vor dem Ziel einzuholen. Schade für ihn, gut für uns, so ist die Tour. Ich hatte meine Arbeit getan.

Als Freunde mir dann erzählten, ich sei im deutschen Fernsehen dafür kritisiert worden, dass ich meinem Landsmann Jan Ullrich nachgefahren sei, konnte ich nur den Kopf schütteln. So etwas können nur Leute sagen, die vom Radsport keine Ahnung haben. Selbst Ulle sagte mir,

Trainingsrunde für das Straßenrennen bei den Olympischen Spielen in Sydney im Jahre 2000 (Foto: Roth).

dass es völlig in Ordnung gewesen sei, wie ich gehandelt hätte. Er hätte es auch nicht anders gemacht.

Der wirkliche Hammer kam dann allerdings am nächsten Tag. Es war der Tag des Bergzeitfahrens von Bourg d'Oisans nach L'Alpe d'Huez hinauf. Ehrlich, ich bin noch nie in meinem Rennfahrerleben so übel beschimpft worden wie dort. Sogenannte Ulle-Fans nahmen die TV-Kritik zum Anlass, mich vom Streckenrand aus anzupöbeln. Als Ratte, Schwein, Verräter, als Judas, Armstrong-Helfer und Vaterlandsverräter wurde ich beschimpft, sogar solche Spruchbänder waren zu lesen. Ich war wirklich den Tränen nahe.

Beim Bergzeitfahren, wenn man mit gerade mal 20 Stundenkilometern den Berg hinauf keucht, kann man den Zuschauern, die am Straßenrand neben einem herlaufen, nicht einfach davon fahren.

Das war wirklich bitter und hat mich zutiefst verletzt. Ich war kurz davor, umzudrehen, den Berg herunter zum Bus zu fahren und nach Hause zu verschwinden. Ich konnte es einfach nicht mehr ertragen, ich hatte noch nie zuvor in meinem Leben so viel Hass, Abscheu und Abneigung gespürt. Ich hatte gedacht, ich sei ein beliebter Rennfahrer, und dann das – binnen Stunden hatte sich die Stimmung gedreht. Das waren Szenen wie im Fußball, wenn die Hooligans in den Stadien toben.

Ich habe später noch viel über diese Erfahrung nachgedacht. Damals, in der aufgeheizten Situation, sah ich nur zwei Möglichkeiten: Entweder ich fresse das alles in mich hinein und versuche, die Sache zu vergessen, oder ich gehe in die Offensive. Ich habe mich dann spontan für die Offensive entschieden, einfach weil ich das Gefühl hatte, nichts Falsches getan zu haben.

Ich bat also das erste Kamerateam, das mir im Ziel über den Weg lief, mit mir ein Interview zu führen. Ich wollte einfach öffentlich klar stellen, worum es am Vortag gegangen war.

Pressestress und viel Ärger mit Fans ohne Verstand

Wegen der kritischen Bemerkungen im Fernsehen nicht mehr mit den TV-Journalisten zu sprechen, schien mir nicht der richtige Weg zu sein. Ich wusste ja auch, dass der Großteil der Profis auf meiner Seite stand, und das wiederum wussten auch die Fachjournalisten. Jeder fährt für seine Mannschaft, für seinen Kapitän, und wenn das eben nicht so ist, dann bekommst du Ärger in der Mannschaft und kannst deinen Arbeitsplatz schnell verlieren, das ist ja ganz klar. Jemand, der für die Frankfurter Allgemeine schreibt, kann auch nicht plötzlich bei der Bild-Zeitung anfangen und seinem Arbeitgeber nichts davon sagen. Es ist ja ganz normal, wenn ich bei der Mannschaft, für die ich fahre, auch das mache, was ich dort vom Sportlichen Leiter gesagt bekomme – vollkommen klar, oder?

Nein, über einen Presseboykott habe ich wirklich nicht ernsthaft nachgedacht. Das hilft ja auch nicht. Besser ist es in solchen Fällen, wenn du deine Position erklärst. Natürlich habe mich dann auch weiter kämpferisch gegeben, die Tour war ja noch nicht zu Ende. Ich hatte gleich noch einmal die Chance, in einer Gruppe mit zu gehen, vielleicht auch noch die Etappe zu gewinnen. Es war überhaupt noch viel drin. Wir hatten ja noch Ivan Basso, der immer noch Zweiter war. Dazu kam auch noch das

Abschlusszeitfahren, wo Ullrich und Klöden beide noch in Reichweite waren. Es gab für uns also auch noch eine Menge zu tun – ganz klar, dass wir noch weiterhin arbeiten und konzentriert dabei bleiben mussten. Wenn Bjarne und Ivan sagen: »Jens, wir brauchen dich!«, dann gibt es da keine zwei Meinungen.

Daran ändert auch nichts, dass ich Jan auch mal meine Trinkflasche gegeben habe. Ich habe in der Nationalmannschaft viele Jahre loyal für Erik Zabel und Jan Ullrich oder den jeweiligen Kapitän gearbeitet. Wie beim Olympiasieg 2000 in Sydney, wo ich am Anfang des Rennens in den Ausreißergruppen mitgemischt habe, damit sich die übrigen Jungs im Feld schonen konnten, um dann am Ende noch die entscheidende Attacke lancieren zu können. Gut, an dem Tag war Ulle so stark, der hätte wahrscheinlich auch alleine gewinnen können – aber trotzdem war ich in der Mannschaft und habe mein letztes Hemd gegeben. An dem Tag war Ulle mein Kapitän. Bei einer anderen WM ist vielleicht Erik Zabel mein Kapitän, und da wird eben für den gearbeitet.

Wenn ich Kapitän bin, wie 2006 bei der Deutschland-Tour, dann erwarte ich auch Loyalität von meiner Mannschaft. Mal angenommen, Kim Kirchen von T-Mobile greift an und gefährdet mein Gelbes Trikot, und plötzlich sagt Fränk Schleck zu mir: »Hör mal, Jens, der Kim, der ist auch Luxemburger, ich kann jetzt nicht mehr mitfahren, wenn du dem hinterher willst.« Dann würde ich natürlich sagen: »Du, Fränki, du bist in meiner Mannschaft, na klar fahren wir beide jetzt da hinterher. Vor allem geht es um mein Gelbes Trikot!« Genauso war die Situation auch bei mir, als ich Jan angegriffen habe. Ich gebe Loyalität, und ich erwarte auch Loyalität von meinen Teammitgliedern, anders funktioniert es doch nicht. Das habe ich auch Hagen Boßdorf so gesagt, nach dem er mich deswegen kritisiert hatte. Ich habe mit ihm darüber gesprochen, wir hatten aber deswegen keinen Streit.

Ich weiß gar nicht mehr, wie oft T-Mobile mir nachgefahren ist, weil die Erik Zabel nach vorne bringen wollten. Ist ja auch ganz normal, dass die das machen, ich habe keine Sekunde daran gedacht, deshalb etwa auf die Magentajungs böse zu sein. Telekom will die Touretappe gewinnen mit Erik Zabel im Sprint gegen andere Sprinter, Jens Voigt bei CSC will die Touretappe aus der Spitzengruppe heraus ganz alleine gewinnen – ist ja klar, dass es da einen Interessenkonflikt gibt. Deshalb würde ich aber nie auf die Idee kommen, Erik Zabel als meinen persönlichen Gegner zu betrachten. Ich war auf seiner Hochzeit, und er war bei mir eingeladen. Als damals in Wimbledon Boris Becker und Michael Stich im Finale standen, da hat auch keiner erwartet, dass Becker es dem Stich leicht macht, nach dem Motto: »Boris hat schon mal gewonnen, und der Michael Stich ist ja auch ein Deutscher, den kann er jetzt doch auch mal gewinnen lassen.« So funktioniert das nicht.

Man muss kämpfen: Ausreißen ist meine Chance!

Woher ich die Motivation für meine langen Fluchten nehme? Ich denke, ich halte mir die Dinge gern ein wenig übersichtlich, einfacher sozusagen. Irgendwann muss man als Sportler ehrlich zu sich sein und erkennen: Das kann ich, und das kann ich nicht. Ich kann keinen Sprint gegen einen Petacchi oder einen Cippolini gewinnen, auch keine Bergankunft gegen einen Lance Armstrong oder gegen einen Gilberto Simoni. Ich muss also schauen, dass ich etwas anderes mache, wenn ich etwas gewinnen will – und gewinnen möchte ich, dass ist klar. Ich bin ein ehrgeiziger Fahrer, ich bin ein ehrgeiziger Mensch.

Ich muss also erreichen, dass ich vor den Bergfahrern und vor den Sprintern im Ziel bin. Nach meiner Erfahrung gelingt etwa eine von zehn Fluchten. Das ist zwar nur eine zehnprozentige Chance, aber zehn Prozent sind bei weitem besser als null Prozent. Wenn du nichts versuchst, gewinnst du auch nichts, was wiederum bedeuten würde: Du stehst am Start und weißt von vornherein, dass du nicht gewinnen wirst. Das kann ich nicht. Ich kann kein Rennen fahren, bei dem ich sicher weiß, heute gewinne ich nichts, weil ich es gar nicht probieren werde. Natürlich sind manche Rennen auch bei mir eher zur Vorbereitung da, gut, aber prinzipiell bin ich bei jedem Start völlig heiß auf das Rennen. Ich will mitmischen und möchte auch gut fahren.

Wenn du dir vor dem Start schon sagst: »Ach, weißt du, ich werde sowieso fast immer eingeholt« – was bist du dann für ein Rennfahrer? Selbst eine kleine Chance ist besser als gar keine. Bei der Tour de France ist es zwar ziemlich wahrscheinlich, dass du eingeholt wirst, aber es kennt dich dann trotzdem jeder. Du warst dauernd im Fernsehen, dein Sponsor ist glücklich, das Team wurde erwähnt, und die, die dich zu Hause kennen, rufen abends an und sagen: »Eh, ich habe dich heute gesehen, du warst ja eine Stunde vorne raus, starke Leistung; so ein Pech auch, dass sie dich dann eingeholt haben.«

Diese Einstellung hat mir oft Erfolg gebracht. Ich war im Bergtrikot, ich war mehrere Male auf dem Podium; ich glaube, ich war zweimal Zweiter und auch zweimal Dritter, und ich habe inzwischen zwei Etappen der Tour gewonnen. Natürlich ist es ein harter Weg – aber es ist besser, einen harten Weg zu gehen, als gar keinen Weg. Ich wäre auch lieber ein Sprinter, der sich bis zum Finale im Hauptfeld verstecken kann, nicht im Wind fahren muss und am Ende die Arme hochreißen kann. Ich stelle mir das sehr schön vor, aber es ist mir nicht gegeben – also muss ich mit dem arbeiten, was ich habe und daraus das Beste machen.

Diese aggressive, oder besser offensive Fahrweise hilft mir auch oft bei anderen Rundfahrten. Die Tour de France fahre ich ja immer nur entweder als Helfer für unseren Kapitän oder als Etappenjäger. Bei anderen Rundfahrten, wie der Bayern-Rundfahrt, der Deutschland-Tour oder auch bei Paris–Nizza, wo ich schon zweimal Vierter war, kann ich auch mal auf Sieg fahren. Wenn ich da offensiv fahre, kann das nur von Vorteil für mich sein, weil ich dabei vielleicht den entscheidenden Vorsprung herausholen kann, der mich im Zeitfahren oder am Berg rettet. Also kommt mir meine Fahrweise auch da entgegen.

Dazu fällt mir eine Anekdote ein, aus der Zeit mit Chris Boardman bei GAN. Wie oft habe ich mit Chris diskutiert, wie oft hat er mir gesagt: »Mensch Jens, manchmal greifst du so sinnlos an!« Da habe ich gesagt: »Mag schon sein, aber warum greifst du eigentlich so selten an? Du kannst die vier Kilometer in 4:11 Minuten fahren!« Als er diesen Weltrekord in der Einerverfolgung bei der Bahn-WM in Manchester aufgestellt hat, war er schneller als der britische Bahnvierer, und ich glaube, er wäre als Einzelstarter Dritter in der Mannschaftsverfolgung geworden. Also rechnete ich ihm vor: »Wenn du vier Kilometer vor dem Ziel antrittst, könnten dich keine zehn Mannschaften zusammen einholen, geschweige denn ein einzelner Fahrer! Du würdest jedes Rennen gewinnen, du musst nur angreifen!«

Darauf sagte er dann immer, dass das nicht so einfach sei und er ja erst ein Loch reißen müsse, und dann fing er wieder mit seinen Wattzahlen an. Ich antwortete dann: »Chris, nimm einfach dein Herz in die Hand und greif an. Mach dich doch einfach mal locker, du bist so gut, alles was du machen musst, ist ein Loch zu reißen, und danach holt dich kein Mensch der Welt mehr ein!« Ab und zu hat er das dann tatsächlich gemacht und dabei schnell gesehen, dass er damit auch Erfolge holen konnte.

Natürlich wirst du öfter eingeholt, als du durchkommst. Aber die paar Male, die ich durchkomme, entschädigen bei Weitem für die Enttäuschung, wenn ich eingeholt werde. Gerne werde ich neun- oder zehnmal eingeholt, gewinne dafür aber einmal eine richtig schöne Sache.

Ich finde wirklich, dass meine Karriere bisher eigentlich recht erfolgreich war. Ich habe inzwischen mehr als 50 Rennen gewonnen, und wie gesagt, ich bin kein Sprinter, kein Bergfahrer, kein Zeitfahrer, ich kann das alles ganz gut, bin aber nirgends Spitze. Ich habe mich ganz gut verkauft, und das ist auch meine Motivation, damit weiterzumachen.

Es gab das wunderbare Jahr 2001, in dem ich bei der Tour de France auf der siebten Etappe für einen Tag das Gelbe Trikot holte, einen Einzel-Etappensieg erzielte und den Sieg im Mannschaftszeitfahren. Die Tour war von Anfang an wirklich sehr gut für uns verlaufen. Stuart O'Grady fuhr schon beim Prolog sehr gut, hatte nur wenige Sekunden Rückstand und holte auf der dritten Etappe durch Zeitgutschriften auch noch das Gelbe Trikot. Wir, als seine Mannschaft, mussten dann schon ein bisschen Tempo fahren. Es ging aber noch, weil uns die Sprintermannschaften in ihrem Kampf um Etappensiege viel geholfen haben.

Beim Mannschaftszeitfahren gingen wir als Team des Führenden in der Gesamtwertung als letzte auf die Strecke. Das war zuerst eine ziemliche Pech-Fahrt, wir hatten gleich zwei Reifenschäden. Dafür opferten wir den ersten Mann, nämlich Anthony Morin. Dann hatte Bobby Julich noch einen Schaden. Wir haben auf ihn gewartet und somit weiter Zeit verloren, aber wir lagen trotzdem von Anfang an vorne. Jonathan Vaughters, Bobby Julich, Stuart O'Grady und ich waren wirklich in Höchstform, und so sind wir die zweite Rennhälfte alleine gefahren. Wir hatten so eine Harmonie, wir hatten so ein irres Tempo, und es lief so großartig – das war wie ein Geschwindigkeitsrausch. Wir ahnten schon, wir würden gewinnen, wir fuhren so gut, so schnell zusammen, so harmonisch, es konnte gar nichts mehr passieren.

Das Geheimnis war, dass alle superstark waren, aber alle auch sehr gleichmäßig fuhren. Dann hat Thor Hushovd noch mal diese fantastische Schlussführung hingelegt, diesen kurzen Anstieg hoch zum Ziel, und wir wussten, wir würden gewinnen. Wir konnten jubelnd ins Ziel fahren und hatten das Gelbe Trikot verteidigt. Das ist eine der schönsten Erinnerungen meiner Karriere.

Dieser Sieg vermittelte der gesamten Mannschaft ein ungeheuer starkes Wir-Gefühl. Dieses Rennen hatten wir alle gewonnen, die Mechaniker, die Begleiter, die Masseure, die Fahrer – alle zusammen, das war unser Sieg.

Es regnete in Strömen bei diesem Zeitfahren, dort oben im Norden, in der Nähe von Verdun. Die Streckenposten waren als Weltkriegssoldaten angezogen und hatten alle Uniformen an. Ich glaube, etwa jeden Kilometer stand dort einer von ihnen, also insgesamt 70 oder 75 Leute, so lang war dieses Zeitfahren. Unser Mechaniker, der auf dem

Beifahrersitz des Teamwagens saß, hat Beulen in die Tür geschlagen, so hat er uns angefeuert. Aber Roger Legeay war das völlig egal. Er hatte nachher Tränen in den Augen, er wusste nicht, ob er lachen oder weinen sollte vor Freude. Für ihn war das Teamzeitfahren immer etwas Besonderes, er hat schon als Rennfahrer um einen Sieg in dieser Disziplin gekämpft und als Sportlicher Leiter erst recht. Das war ein großartiger Moment in meiner Karriere, muss ich sagen. Solche Tage gibt es nicht oft.

Zwei Tag später sollte dann mein ganz persönlicher großer Tag kommen. Bei einem der Zwischensprints griff Laurent Jalabert an, um zur knapp vor uns liegenden Spitzengruppe aufzuschließen, und ich sprang an sein Hinterrad. Ich fuhr da auf dem »letzten Tropfen«, die meiste Arbeit hat Jalabert gemacht, das muss ich zugeben. In der bunt gemischten Spitzengruppe, in der auch Ivan Basso fuhr, der damals noch bei Fassa Bartolo unter Vertrag war, habe ich gekämpft wie wild, denn ich sah die Chance, ins Gelbe Trikot zu fahren. Auf den bestplazierten Gegner in der Spitzengruppe hatte ich aus dem Mannschaftszeitfahren 2:30 Minuten Vorsprung, aber ständig Angst, dass ich alleine es nicht schaffen würde. Ich dachte immer wieder: Wenn die mich hier stehen lassen und ich die Mannschaft enttäusche! Die haben mir vertraut, die haben mich wegfahren lassen! Und draußen sind Millionen Leute, die am Fernseher zuschauen ...

Ein paar Mal hatte ich wirklich Mühe, an der Gruppe mit Jalabert dran zu bleiben. Mit Form hatte das schon nichts

Eine zeichnerische Umsetzung meiner vielen Ausreißversuche: Ich bin der scheckige Mustang mit der langen Nase.

mehr zu tun, das ging alles nur noch über den Kopf. Aber irgendwann war die Bergwertung geschafft. Da fuhr ich dann neben Jaja (Jalaberts Spitzname bei den Franzosen und im Feld) und fragte ihn: »Hör mal, du bist ein erfahrener Profi, ich übernehme jetzt hier das Gelbe Trikot, soll ich noch mitsprinten, oder ist das nicht wichtig?« Er antwortete: »Das musst du entscheiden, aber willst du denn alles haben?« Daraus schloss ich: Alles klar, dann ist das wohl so, dass ich das Gelbe habe, und die anderen Jungs machen den Sprint unter sich aus.

Übrigens zeigte Jalaberts Reaktion auch, was für ein zurückhaltender und höflicher Mensch er ist. Die Etappe fand nämlich am 14. Juli statt, und es war klar, dass er als Franzose alles darum geben würde, die Etappe am französischen Nationalfeiertag zu gewinnen. Gesagt hat er das natürlich nicht.

In die Abfahrt durch einige feuchte Kurven hindurch ging Jaja als Erster, er ist ein ausgemacht guter und risikofreudiger Abfahrer. Hinter ihm fuhr Basso, dahinter ich. Als Ivan stürzte, konnte ich mich mit einem Ausweichmanöver über das Gras gerade noch retten, aber Jalabert war dadurch gut fünfzig Meter weg. Und kein Fahrer auf der Welt kann Jalabert auf einer Abfahrt auch noch einholen! So gewann er die Etappe, ich wurde Zweiter und holte das Gelbe Trikot. Das gab ein riesiges Halligalli: Jaja, der Franzose, hatte am 14. Juli die Etappe gewonnen, und eine französische Mannschaft das Gelbe Trikot in ihren Reihen!

Wir hatten eine riesige Feier. Ich kam zum Hotel, das in der Nähe der Grenze auf deutscher Seite lag, und die Presse war natürlich da – ich hätte Interviews bis morgens um eins geben können. Verrückt, was da für ein Aufwand getrieben wurde! Eine Band machte Musik, die Mannschaft war glücklich, und sogar Stuart O'Grady war kein bisschen sauer, obwohl ich das Trikot von ihm übernommen hatte. Aber er sollte es ja einen Tag später schon wieder zurückbekommen. Es blieb bei dieser Tour insgesamt für sieben Tage in unserer Mannschaft!

Und das war noch gar nicht alles bei dieser Tour: Es kam noch die 16. Etappe von Castelsarrasin nach Saran über

230 Kilometer. Als die Fluchtgruppe in tausend Teile zerfallen war, gehörte ich immer noch zur Spitze. Zum Schluss blieben nur noch Brad McGee und ich übrig, aber auch er war angeschlagen. Am Ende hatte ich so viel Vorsprung, dass ich wusste, ich würde gewinnen und es so richtig schön genießen konnte.

Das war der ganz große Höhepunkt meiner Karriere, für diesen Moment hatte ich mein ganzes Rennfahrerleben lang gearbeitet. Und wenn dann ein Mario Cippolini oder ein Lance Armstrong kommen und sagen: »Hey, Jens, stark – das hast du ehrlich verdient!«, dann ist das wie ein Ritterschlag.

Die Leute schauen dich danach ganz anders an, und wenn ich jetzt irgendwo ein Rennen fahre, dann heißt es immer »Tour-Etappensieger Jens Voigt« oder »Gelbes Trikot der Tour de France: Jens Voigt.« Davon wird man bei meinem Abschiedsrennen noch reden. Dass ich dreimal die Bayern-Rundfahrt gewonnen habe, wird da wahrscheinlich nicht erwähnt werden. Aber ein Tour-Etappensieg, das sagt jedem etwas. Es ist ähnlich wie ein Olympiasieger – das ist und bleibt man ein Leben lang.

Der fragwürdige Auftakt zur Tour 2006

Bis zur Deutschen Meisterschaft in Klingenthal, eine Woche vor dem Start der Tour de France, habe ich von dem Thema Fuentes wenig mitbekommen und das Ganze, ehrlich gesagt, auch nicht mitverfolgt. Am Dienstag darauf traf sich die Tour-Mannschaft von CSC dann in Straßburg. Natürlich redeten wir über das Thema, aber wir dachten eigentlich, das Ganze gehe uns nichts an. Keiner unserer Fahrer stand auf der berüchtigten Liste. In den folgenden Tagen, bei der medizinischen Untersuchung, bei Pressegesprächen, bei der Teamvorstellung, kam das Thema dann aber doch sehr schnell immer näher.

Am Freitag vor dem Start schlug dann auch in unserem Team der Blitz ein. Wir fuhren am Vormittag los zum Training; Kim Andersen begleitete uns im Auto. Nach etwa einer Stunde hielten wir plötzlich an. Ivan Basso stieg vom Rad, setzte sich zu Kim ins Auto und fuhr zurück ins Hotel. Wir anderen waren völlig ratlos und fuhren dann erst einmal weiter. Als wir nach dem Training zurück ins Hotel kamen, war Ivan bereits abgereist: Auch sein Name war auf der »Kundenliste« des Dr. Fuentes gefunden worden. Wir erhielten die Order, erstmal mit niemandem zu reden, gleich auf die Zimmer zu gehen und auf die Teambesprechung zu warten.

Wahrscheinlich kann sich jeder vorstellen, wie geschockt wir waren. Nicht nur, dass unser Kapitän Ivan Basso plötzlich nicht mehr da war, als Rennfahrer und als Teil der Mannschaft. Unser gesamter Plan, unsere Idee von der Saison, von den Rennen, vom Gesamtsieg bei der Tour de France – von einem Moment zum nächsten war all das futsch! Mein Jahresziel, das wie ein Film immer wieder in meinem Kopf abgelaufen war, war plötzlich weg.

Ich hatte mir bestimmt hundertmal vorgestellt, wie wir als Mannschaft des Tour-Siegers, das Gelbe Trikot mitten in unseren Reihen, über die Champs-Elysées rollen würden. Das war mein Traum, mein Ziel, auf das wir alle gemeinsam hingearbeitet hatten, seit dem Teambuilding-Treffen im Dezember 2005. Ich war schon im Giro so gefahren, wie Ivan es von mir bei der Tour erwarten würde; ich hatte ein ausgiebiges Tempotraining hinterm Motorrad absolviert, um zu üben, lange mit hohem Tempo von vorne zu fahren.

In der Teambesprechung spielten wir schließlich alle möglichen Szenarien durch. Wir sprachen auch über die Möglichkeit, ganz auszusteigen und die Tour abzusagen. Die Stimmung war völlig im Keller. Bobby Julich unkte, mit einer tüchtigen Portion Galgenhumor: »Wenn's blöd läuft, drehen wir in einem Jahr alle an der Frittenbude Hamburger um.« Unser Sponsor CSC reagierte aber glücklicherweise schnell, machte uns Mut und hielt uns den Rücken frei: Es war keine Rede davon, dass man das Sponsoring eventuell einstellen würde angesichts der Ereignisse.

Das schwierigste für Bjarne Riis und die Sportlichen Leiter war, aus einer Mannschaft von acht Helfern für Ivan Basso wieder eine Mannschaft von Siegfahrern zu machen. Für uns war es wahnsinnig schwer, das alte Ziel aus dem Kopf zu bekommen und uns ein neues zu setzen. Schließlich hatten Bjarne und wir alle Ivan dabei geholfen, ein Kapitän zu werden, der die Tour gewinnen kann. Viele wissen vielleicht, dass Ivan eigentlich ein eher zurückhaltender Mensch ist, der nicht gerne im Mittelpunkt steht. Es war für ihn und für uns sehr viel Arbeit, bis er so weit war, Verantwortung für die Mannschaft zu übernehmen und die dafür notwendigen Entscheidungen zu treffen. Tja, und nun war er plötzlich nicht mehr da.

Die erste Woche der Tour fand mehr oder weniger ohne CSC statt. Wir fuhren zwar im Peloton mit, waren in Gedanken aber oft ganz woanders und versuchten Antworten auf Fragen zu bekommen, die es nicht gab. Auch Rennfahrer aus anderen Teams fragten natürlich dauernd, was bei uns los sei. Wir hatten mit Stürzen zu kämpfen. Wir fanden überhaupt nicht zusammen als Mannschaft. Besonders für Carlos Sastre war die Situation schwierig, denn da er der beste Berg- und Klassementfahrer des Teams nach Ivan Basso ist, schaute plötzlich alle Welt auf ihn als möglichen Ersatzkapitän für Basso. Carlos sträubte sich aber noch ziemlich lange gegen diese Rolle.

Als Bjarne Riis dann auch noch zwei Tage nicht da war, hat das so viel Verwirrung gestiftet, dass viele schon glaubten, bei CSC gehe gar nichts mehr. Die Erklärung für Bjarnes

Abwesenheit war allerdings ganz einfach. Schon zwei Monate vor der Tour war er freudestrahlend zu uns gekommen und hatte gesagt, »Ich habe für meine beiden Söhne und mich Karten fürs Endspiel bei der Fußball-WM!« Wir wussten also schon lange, dass er diese beiden Tage nicht da sein würde. Aber für neue Fragen hat das natürlich trotzdem gesorgt.

Nach der ersten Woche sagte Bjarne dann: »Jungs, jetzt hatten wir genug Pech mit Stürzen. Ab jetzt müssen wir wieder zeigen, dass wir noch da sind.« Als mir dann in Montélimar der Etappensieg gelang, war das wie ein Befreiungsschlag für die Mannschaft, das Ende der Krise. Es folgte eine weitere Etappe, dann der Ruhetag, danach die Etappe nach L'Alpe d'Huez, die Fränk Schleck für CSC gewann. Damit war die Tour für uns gerettet. Zwei Etappensiege in der Tour de France, das ist für jede Mannschaft, die keinen Lance Armstrong in ihren Reihen hat, ein unglaublicher Erfolg. Uns fiel wirklich eine Riesenlast von den Schultern!

Das gute Gefühl, diese Tour mit Anstand hinter uns gebracht zu haben, die Hoffnung, dass sich vielleicht doch etwas geändert haben könnte, hielt dann genau vier Tage. Man glaubt es kaum: Ich war gerade mit meinem Vater im Kölner Zoo, weil ich nach meinem Start beim Kriterium in Düsseldorf am Abend zuvor noch etwas Zeit hatte. Ich war froh, einigermaßen unbemerkt ein paar entspannte Stunden zu verbringen, da klingelte mein Handy und ein Journalist fragte mich, was ich denn von dem Fall Landis halten würde. Der Fall Landis? Bis zu diesem Moment hatte ich keine Ahnung, dass es überhaupt einen Fall Landis gab …

Die Zusammenarbeit mit der ASO

Die ASO als Veranstalterin der Tour de France und anderer wichtiger Rennen wie Paris–Nizza oder Paris–Roubaix ist ja mit ihren Rennen seit 2007 nicht mehr Teil der Pro-Tour-Serie. Mit der ASO zu arbeiten, ist sicher nicht ganz einfach, als Veranstalter des größten Radrennens der Welt hat man dort eben andere Interessen als der Radsport-Weltverband UCI. Allerdings muss ich gestehen, dass die ASO in der Vergangenheit eher Rücksicht auf die Interessen der Fahrer genommen hat als die UCI. Bei den Rennen der ASO sind zum Beispiel die Zieldurchfahrten deutlich besser abgesichert als anderswo. Es wird darauf geachtet, dass die Zielsprints auf möglichst breiten Straßen stattfinden – und nicht unbedingt vor dem Fenster des Bürgermeisterbüros im Rathaus. Ich habe den Eindruck, dass wir als Rennfahrer bei der ASO eher Gehör finden als bei anderen Veranstaltern.

Neben dem alles beherrschenden Thema Doping übersieht man leicht, dass es auch im Berufsalltag der Radrennfahrer noch eine ganze Menge Dinge gibt, die uns den Job unnötig schwer machen. Klar, vieles ist schon besser geworden, zeitgemäßer, daran hat auch die UCI ihren Anteil, weil sie die Regeln etwa für die Aufnahme in die Pro-Tour verschärft hat. Die Teams sind heute überwiegend wirklich sehr gut organisiert, und auch viele Rennveranstalter haben sich an moderne Entwicklungen angepasst. Viele sind wirklich bemüht, den Rennfahrern gute Arbeitsbedingungen zu vermitteln, so beispielsweise die Veranstalter der Deutschland-Tour.

Durch die Einführung der Pro-Tour hat sich die Situation auch noch einmal geändert: Veranstalter, die nicht zur Pro-Tour zählen, müssen sich deutlich stärker als in der Vergangenheit darum bemühen, Top-Teams und Top-Fahrer an den Start zu bekommen, weshalb sie heute auch eher bereit sind, auf die Forderungen der Fahrer und Mannschaften einzugehen.

Trotzdem finde ich, dass das Verhältnis zwischen Teams, Fahrern und Veranstaltern noch nicht ganz richtig ausbalanciert ist; die Veranstalter haben immer noch sehr viel Einfluss, und wenn sie sich gegen die Erfordernisse des modernen Radsports sperren, stehen wir oft immer noch ziemlich blöd da. Ich denke da an Rennen, bei denen wir auch heute noch durch unbeleuchtete Tunnels gejagt werden. Dabei müsste doch jedem klar sein, wie gefährlich das ist. Es ist traurig, dass wir bei solchen Sachen erst mit Streik drohen müssen, um die Leute zum Umdenken zu bringen.

Selbst die Veranstalter großer Rennen, wie etwa das Unternehmen RCS, das den Giro d'Italia organisiert, sind nicht davor gefeit, uns Rennfahrern Dinge zuzumuten, die eigentlich ins Gruselkabinett des Radsports gehören. Die Kollegen des Team Gerolsteiner waren beim Giro 2006 in Quartieren untergebracht, die eher einem Campingplatz entsprachen. Das muss man sich einmal genau vorstellen:

Da verlangen die Veranstalter drei Wochen lang Spitzenleistungen von uns, aber nach der Etappe lassen sie uns noch 150 Kilometer mit dem Auto bis zur Unterkunft fahren und bieten uns dann eine Art Campingplatz an! Ich finde, dass dürfte sich heutzutage kein Veranstalter mehr leisten. Wenn da die Fahrervereinigung nicht auf die Barrikaden geht – wann dann?

Wir setzen uns auch dafür ein, dass Rennfahrer Mindestgehälter bekommen, dass Versicherungen für besseren Unfallschutz von den Teams oder von den Veranstaltern mitgetragen werden. Es ist schließlich nicht einzusehen, warum wir als Arbeitnehmer zweiter Klasse behandelt werden sollen. Deshalb finde ich auch den Vorstoß von Francesco Moser gut, eine Art Rentenversicherung für Radprofis einzuführen. Daraus könnte zum Beispiel jeder Rennfahrer, der seine Karriere beendet, eine einmalige Zahlung erhalten, um den Start ins weitere berufliche Leben zu erleichtern. Ich bin schon ein wenig stolz, an diesem Prozess für eine bessere Zukunft aller Radprofis mitwirken zu dürfen.

Als Fahrersprecher höre ich immer wieder von den Sorgen und Nöten der Kollegen. Andererseits ist die Fahrervereinigung eher eine Interessenvertretung als ein Kampfverband.

Als Sprachrohr der Berufsfahrer

Im Frühjahr 2004, vor den Klassikern wie Flèche Wallone, Lüttich–Bastogne–Lüttich und Amstel Gold Race, hatten wir die erste große Zusammenkunft der Fahrervereinigung CPA. Da die meisten Fahrer mit ihren Mannschaften während dieser Rennen für einige Tage in den gleichen Hotels bleiben, haben wir die Gelegenheit genutzt, um in Lüttich eine Fahrerversammlung einzuberufen, um die Interessen aller Rennfahrer zu vertreten. Daniel Malbranque, der Generalsekretär der Fahrervereinigung, hat mich bei dieser Gelegenheit angesprochen und gebeten, die Funktion des Fahrersprechers der Vereinigung zu übernehmen.

Nach einiger Bedenkzeit – immerhin bin ich in erster Linie Radprofi und muss den Lebensunterhalt für meine Familie verdienen – habe ich mich dazu durchgerungen, die Aufgabe zu übernehmen. Nicht nur, weil ich es als Ehre betrachte, für meine Kollegen sprechen zu dürfen. Es ist auch eine der wenigen Möglichkeiten für uns Fahrer, Einfluss darauf zu nehmen, was im Radsport passiert. Und ich war damals und bin heute noch der Meinung, dass es einige Dinge gab und gibt, die zu verbessern wären.

Neben mir wurde noch Sergiu Rubiera als zweiter Rennfahrer für die Vereinigung ausgewählt. Sein Vorteil ist, dass er Spanisch spricht und somit auch die Interessen der spanischen Fahrer vertreten kann, während ich mit meinen Sprachkenntnissen in Englisch und Französisch die übrigen Akteure vertrete.

Eines unserer wichtigsten Anliegen ist die Sicherheit der Fahrer. Ein Dorn im Auge sind uns beispielsweise die Fotografen im Zielbereich. Ich habe nie begriffen, warum die mit ihren teuren Teleobjektiven, mit denen sie noch das Auge einer Fliege aus einem Kilometer Entfernung fotografieren können, bei einem Massensprint zehn Meter hinter dem Zielstrich stehen müssen. Wenn da ein Pulk Rennfahrer mit 60 Stundenkilometern heranjagt, kann man nicht verlangen, dass sie darauf achten, was hinter dem Ziel passiert. Ich habe oft genug miterlebt, wie einer der Profis nach der Zieldurchfahrt über einen Fotografen gestürzt ist und sich das Schlüsselbein brach.

Das mögen relativ banale Dinge sein, aber in unserem Alltag sind sie wichtig. Wir werden dazu verdonnert, einen Helm zu tragen – was ich absolut in Ordnung finde –, um mehr Sicherheit im Rennen zu haben, sollen es andererseits aber widerspruchslos hinnehmen, wenn Zielankünfte, bei denen mit Massensprints zu rechnen ist, auf den letzten 200 Metern durch Kurven und über Kopfsteinpflaster führen. Wenn es dann regnet, dürfte es auch dem größten Radsport-Laien klar sein, dass kaum jemand heil um so eine Kurve kommt. Auch bei so mancher Passabfahrt im Gebirge habe ich den Verdacht, dass es dem Veranstalter da in erster Linie um spektakuläre Bilder geht und weniger um die Sicherheit der Rennfahrer, die da mit Vollgas über winzigste Sträßchen voller Splitt und Sand geschickt werden.

Als Fahrervertreter werden wir zu vielen Fragen gehört, das ist wichtig und ein großer Fortschritt. Das gilt auch bei der neu geschaffenen Pro-Tour. Da ging es beispielsweise darum, welche Rennen Bestandteil der Pro-Tour werden und welche nicht zu dieser Serie gehören sollten. Oder welche Rundfahrten verkürzt oder verlängert werden sollten.

Die Fahrervereinigung CPA hat inzwischen auch einen Sitz im Pro-Tour-Rat, den die Veranstalter und die Teamvertreter bilden. Dem Gremium steht Vittorio Adorni aus Italien als Vorsitzender vor, während Alain Rumpf, als Generalmanager und Vertreter der UCI ebenso mit im Boot sitzt wie Patrick Lefevere und Roger Legeay als Vertreter der Profiteams. Die Fahrervereinigung wird durch Francesco Moser, Sergiu Rubiera und mich vertreten, während Charly Mottet die Interessen der Veranstalter vertritt.

Was bringt die Pro-Tour?

Man muss klar sagen: Bei dem Streit um die Anerkennung der Pro-Tour durch die drei großen Rundfahrtveranstalter geht es ausschließlich um kommerzielle Interessen und um Einflussnahme im internationalen Radsport. Eine Einigung zwischen dem Weltradsportverband (UCI) und den drei Veranstaltern ist derzeit nicht in Sicht. Kurz vor dem Saisonsauftakt 2007 konnte der Konflikt auf Initiative der Mannschaften vorerst noch einmal beigelegt werden. Dennoch glaube ich, dass die Pro-Tour nicht nur überlebensfähig ist, sondern dass ihr die Zukunft gehört.

Die Idee, solch eine Serie aus der Taufe gehoben zu haben, halte ich grundsätzlich für gut, auch wenn vieles daran noch zu verbessern ist. Gerade der Gemeinschaftsgedanke, also dass die Großen den Kleinen helfen, soll dazu führen, dass eine einheitliche Vermarktung der Fernsehrechte des Produkts Radsport möglich wird. Das ist zurzeit und war bisher auch noch nie der Fall. Natürlich kann ich die drei großen Rundfahrtveranstalter verstehen, die bisher erfolgreich ihre eigenen Brötchen backen. Ich vertrete aber den Standpunkt: Wenn die Fernsehrechte zentral vermarktet werden, dann haben wir ein starkes Premium-Produkt, wie in den Sportarten Golf, Tennis oder in der Formel 1. Dass dann auch andere Veranstaltungen, wie die Deutschland-Tour oder die Polen-Rundfahrt, weil sie zur Pro-Tour zählen, ebenfalls übertragen werden, bietet den Sponsoren dieser Rundfahrten und auch den Teams die Möglichkeit, sich in der Öffentlichkeit zu präsentieren.

Ich sehe so die Möglichkeit, dass alle Beteiligten von dieser Serie profitieren können. Auch wenn die ASO als Veranstalter der Tour de France eine andere Position vertritt, kann die Pro-Tour für eine Weiterentwicklung des Profiradsports förderlich sein. Die öffentliche Debatte in dieser Frage sollte zum Ende kommen, weil sie dem Ansehen des Radsports schadet. Und das Schlimmste, was uns passieren kann, ist, dass wir keine Rennen mehr fahren können. Wer hätte dann davon etwas? Weder die Radsportler, noch die Teams, die Veranstalter oder die Sponsoren.

Die Tour de France, nach der Fußball-WM und den Olympischen Spielen das drittgrößte Sportereignis der Welt, sollte erste Signale in Richtung Einigung senden. Es kann nicht sein, dass die UCI auf die ASO zugeht, und die Gegenpartei bewegt sich keinen Schritt. Und es soll nicht unerwähnt bleiben, dass die Pro-Tour den Teams Planungssicherheit und Stabilität garantiert, und die Sponsoren bei diesem System stets wissen, wann und wo ihr Team fährt. Die derzeitige Lösung ist eine Art »bewaffnete Neutralität«, in der jeder der beteiligten Parteien den Knüppel hinter dem Rücken hat. So kann es keinesfalls weitergehen.

Mein Vorschlag zur Lösung der Problematik ist, dass es nur noch 18 Pro-Tour-Teams geben sollte, und darüber hinaus noch vier Wildcards vergeben werden. Andererseits könnte man die Zahl der Fahrer einer Mannschaft bei den großen Rundfahrten auf acht reduzieren. Im Gegenzug werden mehrere Wildcards vergeben. Die TV-Rechte müssen von einer unabhängigen Organisation zentral vergeben werden.

Spätestens im Jahre 2008 muss eine endgültige Lösung in dieser Sache auf den Tisch. Inzwischen hat man fast zwei Jahre um eine Lösung gerungen, und es wird zunehmend schwieriger, einen gemeinsamen Weg zu finden.

Ich wünsche mir, dass die Zahl der Teams und Veranstalter für die Pro-Tour zunimmt, denn gerade mit Einführung dieser Serie hat sich die Situation für die Profis deutlich verbessert. So wurden Mindestgehälter für Neo-Profis festgesetzt, die Teams müssen Versicherungen für ihre Akteure abschließen, und sie haben eine Bankgarantie für drei Monatsgehälter der Fahrer zu hinterlegen. Man kann nur hoffen, dass die Pro-Tour im Jahre 2007 zu einem Riesenerfolg wird, dann wird die Diskussion zwischen der UCI und den drei Rundfahrtveranstaltern auch abflauen.

Die Anziehungskraft der Pro-Tour für weitere Teams und Veranstalter ist groß. So haben die Veranstalter der Kalifornien-Rundfahrt neben denen des Rennens »Rund um den Henninger Turm« bereits Interesse bekundet. Auf diese Weise entsteht ein Wettbewerb, sodass jede Veranstaltung alljährlich wieder auf dem Prüfstand steht. Wer sagt denn, dass der Radsport nur die großen

Rundfahrten, wie die Tour de France, den Giro d'Italia und die Vuelta a España braucht? Während wir Rennfahrer alljährlich auf dem Prüfstand stehen, ist dies bei den Veranstaltern nicht der Fall. Aus meiner Sicht gibt es da noch viele Möglichkeiten, etwas zu verbessern. Veranstalter haben kein Anrecht auf einen zeitlich unbegrenzten Garantieschein.

4

Weggefährten im Peloton

Chris Boardman

Die Freundschaft mit Chris Boardman ist sehr schnell entstanden, da ich schon im ersten Trainingslager in einem Centerpark in der Normandie ein Zimmer mit ihm teilte. Das war damals ein relativ kurzes Trainingslager, nur von Montag bis Freitag. Es ging einfach darum, dass sich die Mannschaft kennenlernen konnte und die neuen Fahrer ins Team integriert wurden, aber auch um die Anprobe der neuen Teambekleidung. Bei dieser Gelegenheit haben wir auch erstmals über das Rennprogramm und die Trainingsvorbereitung für die neue Saison gesprochen.

Bevor ich aber in unserem Quartier ankam, hatte ich reichlich Aufregung zu überstehen. Ich bin damals von Berlin nach Paris geflogen und kam am Flughafen Charles de Gaulle 2 an. Ich dachte, mich holt jemand dort ab, aber weit und breit konnte ich niemanden von meinem Team sehen. Ich hatte zu diesem Zeitpunkt aber auch keine Telefonnummer von Leuten aus dem Team. Ich wusste nur, dass Chris Boardman eine halbe Stunde später nach mir in Paris ankommen würde.

Ich erkundigte mich, wo die Flüge aus Großbritannien in Paris landen würden und bekam die Antwort: Auf dem Flughafen Charles de Gaulle 1. Wie sollte ich dort hinkommen? Ich sprach zwar kaum französisch, bekam aber immerhin heraus, dass dieses andere Terminal vier, fünf Kilometer entfernt sein musste.

Ich ging zum nächsten Taxistand und bat einen Taxifahrer, mich zum Terminal Charles de Gaulle 1 zu fahren, doch der weigerte sich. Er wollte nur in die Stadt fahren. Ich machte ihm klar, dass er fahren sollte, egal, was es kosten würde. Schließlich bezahlte ich ihm den Preis für eine Fahrt in die Stadt – es waren 200 oder 250 Franc –, um rechtzeitig am anderen Terminal zu sein und Chris zu treffen. Ich glaube, das war die teuerste Taxifahrt meines Lebens. Als ich an Charles de Gaulle 1 ankam, passte ich mit meinem Gepäck nicht in den Lift im Ankunftsbereich. Also die Treppen hoch, hektisch, nassgeschwitzt und in größter Panik, Chris Boardman doch noch zu verpassen. Ich kam gerade am Ankunftsgate an, da kam mir Chris auch schon entgegen.

Ich sagte ihm, du bist mein Lebensretter und sprang ihm fast um den Hals, während er mich verdutzt ansah, schließlich kannten wir uns ja kaum. Ich lief knallrot an im Gesicht, aber er sagte schließlich nur: »Keep cool!« und rief von seinem Handy aus unseren Physiotherapeuten an.

So haben wir uns also kennengelernt. Er hat mir auf der Fahrt zu unserem Quartier ein wenig von unserem Team erzählt, welche Prinzipien dort gelten würden und wer welche Rolle einnimmt. Ein tolles Gespräch, das ich nicht vergessen werde. Er hat mir auch geholfen, mein Französisch zu verbessern. Später sagte er manchmal: »Jens, es ist

Chris Boardman war der dominierende Zeitfahrer im Peloton und außerdem sein eigener Bordcomputer: Trittfrequenzen, Puls, Wattzahlen, Durchschnittsgeschwindigkeit – er hatte jederzeit alles im Kopf (Foto: Roth).

immer sehr interessant, mit dir zu reden.« Er staunte wohl immer darüber, dass ich ihn so viel fragte. Gestört hat es ihn aber nicht, ich glaube, es machte ihm auch Spaß, mir seine Standpunkte und Meinungen zu schildern. Fakten sind ihm wichtig. Es machte ihm auch nie etwas aus, dass ich so hartnäckig war und ihn manchmal auch einigermaßen kritisch fragte, warum und wieso er Dinge im Training und Rennen auf diese oder jene Art handhabte. Er musste dabei immer wieder über seine eigene Position nachdenken, und das gefiel ihm.

Als Chris mir verriet, dass er vier Kinder habe, sagte ich zu ihm, er sei verrückt. Er lachte nur und antwortete: »Warte mal ab, bis du an der Reihe bist.« Inzwischen habe ich selbst vier Kinder, und er sechs. Das muss man sich mal vorstellen. Zuletzt hat er mir vergnügt erzählt, er habe wegen der Kinder ein großes Haus gekauft und sei jetzt bankrott.

Als Rennfahrer war Chris eine Mischung aus Mathematiker und Perfektionist. Und er ist Engländer. Ich erinnere mich an meine erste Tour de France: Chris hatte den Prolog in Dublin gewonnen und trug das Gelbe Trikot. Nach der Etappe, wir waren zusammen auf dem Zimmer, erzählte er mir, dass er am Wochenende vor der Tour noch bei einem Konzert der Rolling Stones in Amsterdam gewesen sei und deswegen ein ziemlich schlechtes Gewissen gehabt hätte ...

Chris war damals der dominierende Zeitfahrer im Peloton. Wenn es darauf ankam, konnte er auf flacher Strecke ohne große Probleme 60 Stundenkilometer fahren. Das war schon sehr beeindruckend. Ohne Rad war er ein eher kleiner, harmlos aussehender Mensch. Doch sobald er auf sein Zeitfahrrad stieg, verwandelte er sich in dieses Antriebsmonster. Nach dem Rennen stieg er meist vom Rad, blickte auf seine Uhr und sagte: »Ist ganz ordentlich gelaufen.« Chris wusste im Prinzip immer schon vor dem Rennen, wie viel Watt er treten musste, um zu gewinnen. Und meistens stimmte es dann auch. Er hat ständig irgendetwas ausgerechnet: Übersetzungen, Trittfrequenzen, Watt, Kalorien. Ein Blick auf den Teller und Chris konnte sagen: »Das sind ungefähr 735 Kalorien.«

Für ihn war Radsport eine Art Wissenschaft, und er hatte für sich eine klare Philosophie entwickelt. Ein Kernsatz von Chris Boardman lautete: »Ich will nicht fünf Stunden leeres Training machen – lieber drei Stunden qualitativ hochwertiges.« Er fuhr weniger, dafür härter und intensiver als andere. Wenn ich ihn in England besuchte und wir trainieren gingen, fuhren wir vom Hof, rollten uns zehn Minuten ein, und dann forderte Chris mich schon auf, etwas schneller zu fahren, ehe die ersten Intervalle kamen. Und Chris fuhr echt kernige Intervalle …

Stuart O'Grady

Stuart hat mir sehr viel geholfen, als ich mich entschied, vorerst in Toulouse sesshaft zu werden. Für mich war vieles neu, und die anderen aus dem Team, die schon länger da waren, haben mir alle sehr geholfen. Man glaubt gar nicht, wie schwierig es in einer solchen Situation sein kann, zur Bank zu gehen und dort ein Konto zu eröffnen. Als Neuprofi ohne ordnungsgemäß angemeldeten Wohnsitz, der im Januar noch kein Einkommen hatte, konnte ich kein Konto eröffnen. Ohne Konto, von dem Miete abgebucht werden konnte, bekam ich aber keinen Mietvertrag – und wie sollte ich überhaupt die Mietkaution überweisen? An solche Kleinigkeiten hatte ich gar nicht gedacht.

Stuart O'Grady und Frédéric Moncassin hielten da für mich den Kopf hin. Sie überzeugten die Bankangestellten von meiner legalen Anwesenheit, wiesen sie darauf hin, dass ich Neuprofi sei und bürgten für mich. Dafür war ich ihnen sehr dankbar. So habe ich mit einigen Hindernissen mein Konto bekommen, und ich konnte zusammen mit Marcel Gono, der ebenso in meinem Team fuhr, ein Haus anmieten.

Es war eine schöne Wohngemeinschaft, die gut funktioniert hat. Nur mit dem Rasenmähen hatten wir so unsere Probleme. Der Rasen wuchs und wuchs, bis er hüfthoch war. Da schaltete sich Frédéric Moncassin schließlich ein: »Leute, so geht das nicht. Eure Vermieter wollen sehen, dass ihr vernünftige und ordentliche Jungs seid, also mäht mal schön!« Das hat dann einen ganzen Tag gedauert.

Stuart O'Grady und ich auf dem Weg zum Podium, beim Sparkassen-Giro 2006 (Foto: Roth)

Frédéric Moncassin

Frédéric war eigentlich mein erster Ansprechpartner bei dem Bemühen, in Frankreich Fuß zu fassen. Ich habe auch einige Nächte bei seinen Eltern geschlafen, sogar in seinem früheren Kinderzimmer. Gelegentlich war ich auch bei ihm und seiner Frau Elodi zum Abendessen eingeladen. Er war und ist ein echter Motorrad-Freak und ist auch zwei- oder dreimal bei der legendären Rallye Paris–Dakar gestartet. Mit seiner Leidenschaft ging es so weit, dass er uns andere überredete, ebenfalls ein Motocross-Motorrad zu kaufen. Im Gegensatz zu ihm – typisch Sprinter! – sind wir anderen aber eher vorsichtig gefahren. Keiner von uns konnte sich einen Unfall erlauben und wollte womöglich mit einer Verletzung lange pausieren.

Dennoch haben wir eine Menge Spaß miteinander auf diesen »heißen Öfen« gehabt. Zweiradfahren ohne treten zu müssen war eine sehr angenehme Abwechslung zum stundenlangen Training.

Bobby Julich

Für mich begann in Frankreich ein neues Leben. Neue Umgebung, neue Freunde und ein neues Team. Bei Paris–Nizza habe ich dann auch Bobby Julich kennengelernt. Im Jahre 2000 wechselte er vom Team Cofidis zu uns. Er kam mit der Empfehlung eines dritten Gesamtrangs bei der Tour de France.

Freunde wurden wir nicht auf Anhieb. Bobby war schon länger Profi, ich ein Neuling. Als Neuprofi habe ich immer versucht, am Berg möglichst von vorne nach oben zu fahren. So hatte ich es in meiner Amateurzeit auch gelernt. So bin ich immer wieder vorne angetreten, bis Bobby irgendwann zu mir sagte: »Kumpel, hör mal zu: Ich weiß, dass du gut fahren kannst, aber mach' mal ein bisschen ruhiger, du machst die anderen nervös. Zappel nicht so wild da vorne rum!« Zuerst dachte ich, was will der denn von mir? Doch dann nahm er mich bei einer anderen Gelegenheit noch einmal zur Seite: »Ich will dich nicht zur Schnecke machen«, sagte er, »ich weiß, dass du nur Radrennen fahren willst, und ich bin überzeugt, dass du gut bist.«

Danach wurden unsere Gespräche immer länger, und so sind wir allmählich Freunde geworden. Heute würde ich behaupten, Bobby und ich sind irgendwie seelenverwandt. Wir haben viele Höhen und Tiefen gemeinsam erlebt, das hat uns wirklich zusammengeschweißt. Bobby und ich

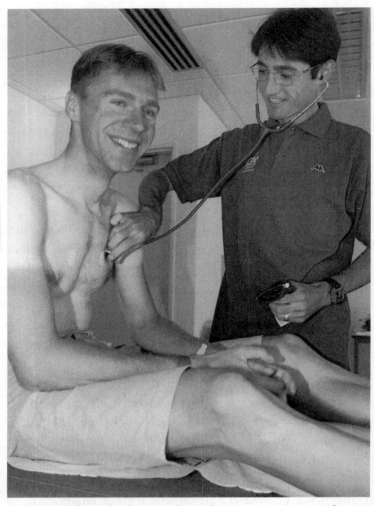

Bobby Julich und ich versuchen, die immer etwas steife Atmosphäre beim Gesundheitscheck vor dem Beginn der Tour de France etwas aufzulockern. Hier überprüft »Dr. Julich« gerade, ob das Voigtsche Rennfahrerherz überhaupt noch am rechten Fleck sitzt ...

24. Tour de France 2004 – typische Situation wenige Sekunden nach einer Zieldurchfahrt.

25. Bayernrundfahrt 2004: Küsschen für den Gesamtsieger.

26. Bayernrundfahrt 2004 – in Gelb.
27. Der Weg nach Alpe d'Huez 2004: Die schmerzhafteste aller Etappen, weil ich vom Start bis zum Ziel beschimpft wurde.
28. Mannschaftszeitfahren bei der Tour 2004, leider mit Defekten und Stürzen – vom Wetter ganz zu schweigen.
29. Tour de France 2005: Gelb gewonnen auf der 9. Etappe (Gerardmer–Mühlhausen).

29

30. Tour de Suisse 2005, 9. Etappe: Ich leiste Tempoarbeit für meinen Mannschaftskameraden Fränk Schleck, hier an dritter Stelle.

31. Zusammenarbeiten auch ohne Fahrrad: CSC-Trainingslager Dezember 2004.

32. Mannschaftszeitfahren bei der Mittelmeerrundfahrt 2005.

33. Händedruck von Raymond Poulidor nach dem Sieg bei der 13. Etappe der Tour 2006 nach Montelimar.

34. Zieldurchfahrt in Montelimar 2006, vor Oscar Pereiro Sio.

35. Siegerehrung beim Pro-Tour-Mannschaftszeitfahren in Eindhoven 2006.

36. Schnappschuss nach dem Zeitfahren bei der Deutschland-Tour 2006.

37. Deutschland-Tour 2006 gewonnen, die Siegestrophäe im Arm: ein ganz großer Moment!

38. Nach dem Sparkassengiro Bochum 2006 im Gespräch mit Erik Zabel.

39. Abschluss-Siegerehrung beim TUI-Cup 2006.

40. Der erste Sieg 2007: 3. Etappe der Kalifornien-Rundfahrt, Zielort San Jose, vor dem Gesamtführenden Levi Leipheimer.

gewinnen und verlieren zusammen. Er hat ähnliche Ansichten wie ich zum Leben, dem Sport und wie man gewisse Dinge im persönlichen Leben angehen sollte. Er ist ein großartiger Mensch und toller Fahrer mit viel Charisma. Seine physischen Eigenschaften waren ohnehin enorm, aber ich hatte den Eindruck, dass sich bei ihm noch viel mehr im Kopf abspielte als in den Beinen. Ich habe ihm dann mal gesagt, Bobby, denk' nicht so viel, fahr' einfach los. Ich hatte das Gefühl, dass der dritte Platz bei der Tour für ihn eher eine Belastung war. Wir haben darüber viel geredet, und mit der Zeit kam er auch immer besser mit dieser Situation zurecht.

Nach der Fernfahrt Paris–Nizza lädt Bobby mich meistens zu sich nach Hause ein. Ich übernachte dann sonntags bei ihm und fliege erst am Montag nach Hause. Abends gehen wir in ein mexikanisches Restaurant, das machen wir eigentlich jedes Jahr. Meistens essen wir da auch das gleiche, das ist so ein lustiges Ritual. Ab und zu legen wir bei ihm eine kurze Rennpause ein, trainieren nur ein wenig.

Mit Bobby macht es besonderen Spaß, etwas zu unternehmen. Er interessiert sich für viele, auch ungewöhnliche Dinge und ist allem Neuen gegenüber sehr aufgeschlossen. In Reno in den USA, einer Art Las Vegas in klein, hat er mir gezeigt, wie Black Jack oder Poker funktioniert. Mit ihm zusammen habe ich erstmals in meinem Leben Golf gespielt oder bin mit ihm in die Berge zum Wandern gegangen. Ich erinnere mich an einen total schrägen Western-Saloon in einem Nachbarort. Dort stand ein »suicide table«, ein Tisch, an dem die Leute Platz nahmen, die ihr gesamtes Geld verspielt hatten, um sich anschließend umzubringen. Ob das tatsächlich so war, wollte aber niemand ernsthaft bestätigen.

Ich war schon sehr froh, als Bobby Julich damals vom Team T-Mobile zu CSC kam. Wir kannten uns ja schon aus der Zeit bei Crédit Agricole in Frankreich. Eigentlich wollte er seine aktive Karriere bei T-Mobile beenden, aber er war bei den Bonnern einfach nicht glücklich; ich meine sagen zu können, er war fast verzweifelt. Es lief bei ihm einfach nicht, zumindest nicht so, wie er sich das vorgestellt hatte. Dabei war er zu T-Mobile gewechselt, um einen Neuanfang zu machen, so wie ich das mit meinem Wechsel zu CSC auch geplant hatte.

Eine Vertragsverlängerung bei T-Mobile aber kam für Bobby nicht in Frage, er hatte seine Schwierigkeiten mit den dortigen Strukturen. Ich fand allerdings, dass es zu früh wäre, seine Karriere zu beenden und habe deshalb mit Bjarne Riis gesprochen. Ich riet ihm dringend, Bobby unbedingt zu verpflichten. Bjarne fragte mich natürlich, was ich von Julich halten würde – da habe ich ihm an vielen Beispiel gezeigt, dass Bobby ein sehr loyaler Rennfahrer ist, der weder in den Jahren bei Crédit Agricole noch beim Team T-Mobile ein Rennen vorzeitig aufgegeben hat. Er hat immer gekämpft, war immer für seine Teamkollegen da – nach meiner Einschätzung einer der ganz Wenigen im internationalen Radsport, der so drauf war und ist.

Sportlich gehört Julich sowieso zu den Stärksten. Als Alexandre Vinokourov für T-Mobile Paris–Nizza gewann, war Bobby einer seiner wichtigsten Helfer. Ich erinnerte Bjarne an jene Schlussetappe in den Bergen rund um Nizza, als Udo Bölts und Bobby Vino den Gesamtsieg retteten. Deshalb war ich felsenfest davon überzeugt, dass Bobby gut in unser CSC-Team passen würde.

Als Bjarne ihn schließlich unter Vertrag nahm, habe ich mich riesig gefreut – nicht nur, weil wir wieder in einem Team fahren konnten; ich hielt es für total wichtig, dass er noch eine Chance bekam und das Rad nicht an den Nagel hängen musste. Wir haben uns schon immer blendend verstanden, aber seit er bei CSC unterschrieben hat, sind wir richtig dicke Freunde – schwache Sprüche der Kollegen wie »Guck mal, da kommt Jens mit seiner Freundin!« inklusive. Bemerkenswert finde ich unsere Freundschaft auch mit Blick auf unsere jeweilige Herkunft. Bobby kommt aus den USA und ich aus der DDR –, das ist nicht nur eine Entfernung von mehr als 10 000 Kilometern, wir sind auch in zwei höchst unterschiedlichen politischen Systemen groß geworden. Da sieht man, wie völkerverbindend der Radsport sein kann.

Thor Hushovd

Thor Hushovd kam als *stagiaire* bei Crédit Agricole zum Rennen Paris–Bourges. Wir fuhren gemeinsam in der Spitzengruppe, und es fing an zu regnen. Da er außer einem Trikot noch keine Ausstattung bekommen hatte, habe ich ihm mit Regenjacke und Handschuhen ausgeholfen und ihm die Strecke erklärt. So kamen wir in Kontakt. In seinem ersten Jahr bei uns fuhr ich während Tirreno–Adriatico mit Jalabert, Boogerd, Rebellin, Casagrande und Olano in der Spitzengruppe und wurde Dritter. Später im Bus begann Thor mich aufzuziehen: »Ich wusste gar nicht, dass du sooo gut bist.« Dabei grinste er bis an die Ohren. Thor ist ein begnadeter Abfahrer. Ich nicht, und wenn wir nebeneinander fahren und er dann doppelt so schnell wie ich um die Kurve schießt, fragt er mich immer, ob ich gerade einen Bekannten getroffen hätte. Wenn ich dann antworte, dass ich volles Risiko gefahren sei, fällt er vor Lachen fast vom Rad. Thor hat als mein Trauzeuge eine Rede gehalten, teilweise auf Deutsch, mit diesem herrlichen norwegischen Akzent. Seine Freundin Susanna hat Stephanies Brautstrauß gefangen. Die beiden werden im Oktober heiraten, nach der Saison. Thor und ich haben zusammen das Mannschaftszeitfahren bei der Tour 2001 gewonnen, gelitten und gesiegt und nach einem Sturz im Dreck gelegen. Noch mit 65 werden wir über »damals« reden und uns an die alten Zeiten erinnern, als die Berge noch höher und die Kilometer noch mindestens 1300 Meter lang waren ...

5

Der Familienmensch Jens Voigt

Das Elternhaus

Dass ich ein ausgeprägter Familienmensch geworden bin, hat natürlich viel mit meinen Eltern und meinen Geschwistern zu tun. Ich finde, meine Eltern haben mit Ronny, Conny und mir einen richtig guten Job gemacht und uns eine wunderschöne Kindheit ermöglicht. Meine Mutter arbeitete immer nur halbtags, was für die damalige Zeit in der DDR eher ungewöhnlich war, aber es hatte für uns Kinder den großen Vorteil, dass sie zu Hause war, wenn wir von der Schule kamen. Beide, mein Vater und meine Mutter, haben immer viel Zeit mit uns Kindern verbracht, wir haben tolle Urlaube erlebt, einfach und bescheiden, aber unvergesslich. Da blitzen in der Erinnerung auch die schönen Seiten des Lebens in der DDR durch: Man hatte einfach viel Zeit für Freunde und Familie. Da niemand den anderen übertrumpfen konnte, gab es weniger Neid und Konkurrenzdruck, das Leben lief etwas gemächlicher ab.

Ich finde, ich bin meinem Vater Egon schon recht ähnlich. Er ist ehrlich, geradlinig und war nie auf den schnellen Vorteil bedacht. Er ist ungeheuer sportinteressiert und mein größter Fan und Kritiker in einer Person. Und er versteht inzwischen verdammt viel vom Radsport. Mancher schmunzelt vielleicht mal über einen seiner typischen Sprüche wie: »Leben ist Geben und Nehmen«, oder: »Leben und leben lassen«, aber für ihn sind das keine lee-

Meine Eltern und meine Schwester zu Besuch beim »Critérium International«. Ich hatte gerade das Zeitfahren gewonnen und damit auch das grüne Trikot.

ren Sprüche, sondern Überzeugungen. Er lebt danach. Das finde ich toll. Für mich ist er ein Vorbild, und wenn ich einmal so werde, wie er ist, dann bin ich zufrieden.

Meine Mutter ist gelernte Fotografin, sie hat früher beim VEB Ideal gearbeitet, halbtags, wie schon erwähnt, damit sie sich nachmittags um uns Kinder kümmern konnte. Wir waren übrigens alle drei auch nie in einem Hort.

Man kann sich heute, wo jede Handykamera fast perfekte Fotos macht, schon gar nicht mehr vorstellen, mit welchem Material sie damals täglich arbeiten musste.

Wenn ich am Beginn des Buches erzählt habe, wie ich zum

Radsport kam, fehlt da noch eine Kleinigkeit: Tatsächlich sind die ersten zarten Bande durch meinen Bruder entstanden, der damals ebenfalls Rennfahrer war, und gar kein schlechter: Er war mit zwölf Jahren Bezirksmeister im 1000-Meter-Zeitfahren auf der Bahn, hat dann allerdings mit dem Radsport aufgehört, weil ihm das Training zu viel wurde. Ronny hat sich dann die Chemie ausgesucht und mit einem kleinen Labor im Zimmer wilde Experimente gemacht.

Als er eine Weile später den Traum vom Fliegen entdeckte, wollte er sich nach dem Abitur zuerst für 25 Jahre zur Armee melden, um zu studieren und Pilot zu werden. Leider war die Armee anderer Meinung: Als Brillenträger

Eine unserer unzähligen Fahrradtouren mit der Familie, diesmal mit meinen Eltern und meinem Bruder, irgendwo in Mecklenburg ...

Ein Porträt aus einer Zeit, als ich das Fahrrad noch nicht entdeckt hatte – und trotzdem fröhlich bin.

Meine Geschwister und ich. Wie man hier sieht, hatte mein Bruder schon mit dem Radsport angefangen.

und bei seiner Größe sei er dazu nicht geeignet. Ohne die Chance, Pilot zu werden, wollte mein Bruder allerdings auch keine 25 Jahre zur Armee und entschied sich, nur den normalen Wehrdienst zu leisten. Für eineinhalb Jahre Wehrdienst in Düben gab es dann leider auch keine Garantie für einen Studienplatz mehr. Stattdessen wurde er also Hubschraubermechaniker bei den Marinefliegern in Stralsund und studierte nach dem Wehrdienst physikalische Technik in Lübeck.

Meine Schwester Cornelia hat lustigerweise das Gleiche studiert, allerdings erst, nachdem sie eine Lehre als Floristin absolviert hatte. Vor allem dafür bewundere ich sie ungeheuer: Es begeistert mich, was sie mit ihrer Hände Arbeit gestalten und erschaffen kann, mir fehlt das völlig.

Als Kinder haben wir viel zusammen gemacht, auch sie war sehr sportlich und als Leichtathletin talentiert. Ich erinnere mich noch an einen Crosslauf, an dem wir beide in unseren jeweiligen Altersklassen teilnahmen. Ich war schon fertig und rannte bei ihrem Rennen außerhalb der Strecke neben ihr her und feuerte sie an wie verrückt. Sie wollte eigentlich schon aufstecken, aber ich habe wohl so gebrüllt, dass sie sich noch einmal zusammengerissen hat und das Rennen gewann. Ohne mein Geschrei hätte sie das bestimmt nicht gemacht.

Ich erinnere mich aber auch noch gut an ein ziemlich einschneidendes Erlebnis in einer Silvesternacht. Ich zündete damals einen Knallkörper an, und obwohl meine Schwester recht weit weg stand, flog ihr ein Funke ins Auge. Ich war fürchterlich aufgeregt und habe mir Vorwürfe gemacht, wir sind mit dem Taxi zum Arzt gerast, aber zum Glück ist nichts passiert. Ob es daran liegt, dass meine Schwester heute ein grünes und ein braunes Auge hat, weiß ich nicht. Aber das Erlebnis hat sich mir wirklich »eingebrannt«. Ich bin heute mit meinen Kindern geradezu übervorsichtig in diesen Dingen ...

Wir Voigts pflegen auch heute noch engen Kontakt miteinander und treffen uns häufig mit unseren Kindern und den Eltern. Da bin ich dann nicht der große Sportstar und will es auch gar nicht sein. Da bin ich dann der olle Jensi, der mit seinem Bruder mal eben spontan mit dem Motorrad an die Ostsee braust, zum Baden. Im Oktober. Muss ja nicht unbedingt jeder wissen ...

Die eigene Familie

Stephanie, meine Frau, habe ich 1994 kennengelernt. Es war bei der Niedersachsen-Rundfahrt, ihr Vater Hans Jaroszewics, genannt »Jako«, war der Chef des anderen Berliner Rennteams, BRC Opel Schüler, und Stephanie begleitete die Mannschaft. Als gelernte Physiotherapeutin massierte sie die Rennfahrer, organisierte aber auch die Hotels, kümmerte sich um das Gepäck, fuhr Auto. Sie ist von klein auf mit dem Radsport aufgewachsen. Natürlich haben wir Rennfahrer uns gegenseitig auf sie aufmerksam gemacht, und ich war schwer begeistert von

Stephanie und ich beim Plausch vor dem Start, vielleicht war es sogar bei der Niedersachsen-Rundfahrt.

An Bord der »MS Deutschland«, nach dem Straßenrennen bei den Olympischen Spielen 2000 in Sydney.

ihr. Aber ich dachte auch, die ist viel zu hübsch, in der Liga bin ich nicht.

Andererseits: Ich war gut in Form bei der Niedersachsen-Rundfahrt, trug das Gelbe Trikot und fühlte mich einigermaßen selbstbewusst. Auf Norderney waren wir im selben Hotel untergebracht, da habe ich mich dann getraut, sie mal anzusprechen und sie zu bitten, ob sie mir nicht kurz mit dem Gepäck helfen könne. Was sie auch getan hat. Immerhin, wir wechselten ein paar Worte, jetzt kannte sie mich also schon mal.

An einem der nächsten Tage habe ich dann meinen ganzen Mut zusammengenommen und mit einem Rennfahrer aus ihrem Team den Massagetermin bei ihr getauscht. So kamen wir ins Gespräch, haben die Telefonnummern ausgetauscht – und der Rest ist Geschichte. Kennengelernt bei der Niedersachsen-Rundfahrt 1994 – und im November 1995 kam unser erster Sohn Marc zur Welt. Da war Stephanie gerade 25 Jahre alt und ich 24.

Klar, als so junger Kerl, da kann man schon mal ein wenig Panik vor der Verantwortung bekommen. Aber Kinder machen es einem ja ungeheuer leicht, sie gerne zu haben, und Stephanie ist dazu die großartigste Frau der Welt. Sie hat immer zu mir gehalten, stand voll hinter meinen Entscheidungen, auch wenn es für sie und für unsere kleine Familie nicht immer ganz einfach war. Als ich nach Frankreich ging, um Profi zu werden, und sie mit Marc wieder für zwei Jahre bei ihren Eltern einziehen musste, habe ich ihr schon ganz schön was zugemutet. Dass sie bei all dem so mitgemacht hat, liegt vielleicht auch daran, dass sie aus einer Radsport-Familie stammt und das gar nicht anders kennt. Es liegt aber ganz bestimmt und vor allem daran, dass sie eine bewundernswert gut organisierte Frau ist, die wirklich alles perfekt im Griff hat, die Kinder, die Erziehung, die Hausaufgaben, das Haus ...

Ich konnte gar nicht anders, ich musste ihr einen besonderen Heiratsantrag machen. Dazu mietete ich ein Flugzeug, das ein großes Banner hinter sich her zog, auf dem »Stephanie, heirate mich!« stand. Als das dann über unsere Köpfe hinweg flog, packte ich die Ringe aus und fiel vor ihr auf die Knie. Sie hat dann zugestimmt. Das war im Mai 2003, da hatte sie schon (wieder) einen ziemlich dicken

Stephanie mit Blumen – das war aber nicht der Hochzeitsstrauß!

Bauch. Im Juni kam Adriana zur Welt, und im Oktober haben wir geheiratet.

Ich liebe und genieße es, eine so große Familie zu haben, wir sind ja nun bald sieben zusammen. Kinder sind großartig, sie bringen Lachen und Freude ins Leben. Zweifellos ist es hart, die Kleinen manchmal mehrere Wochen am Stück nicht zu sehen. Nach vier Wochen Tour de France erkennen sie mich ja manchmal kaum noch. Andererseits: Ich bin mir sicher, dass ich übers Jahr gerechnet mindestens genau so viel Zeit mit meinen Kindern verbringe, wie andere Väter mit normalen Berufen. Mein Sonntag ist oft der Montag: Wenn ich vom Rennen wieder da bin und montags nur leicht trainiere, dann kann ich die Kinder zur Schule bringen und wieder abholen, mit Stephanie zum Einkaufen oder abends auch mal ins Kino. Bei mir konzentriert sich die Zeit zu Hause eben nur stärker. Nach der Saison beispielsweise bin ich fast drei Monate am Stück durchgehend zu Hause.

6

In den Farben von CSC

Der Wechsel ins Team von Bjarne Riis

Bjarne Riis war von Anfang an sehr offen zu mir, obwohl wir uns noch gar nicht richtig kannten. Für ihn ist es sehr wichtig, viel miteinander zu reden und stets loyal zum Team zu sein. Aber erst im gemeinsamen Trainingslager, das immer vor den ersten Rennen der Saison stattfindet, haben wir ausführlicher miteinander geredet. Für mich war und sind das keine Teamtreffen, wie ich sie bisher kannte. In diesem Dezember-Trainingslager sind wir kaum Rad gefahren, das war Bjarne nicht so wichtig.

Wichtig ist ihm, wie wir im Team miteinander umgehen. Bei den vielen Gesprächsrunden bleiben Meinungsverschiedenheiten nicht aus, gelegentlich diskutieren wir sehr kontrovers. Dann weist Bjarne uns immer mal wieder auf den Tonfall der Diskussion hin. Ihm ist es enorm wichtig, dass bei aller Diskussion der Respekt und die Wertschätzung untereinander erhalten bleiben. Hat jemand eine andere Meinung als er, sucht er das Gespräch, will die Hintergründe kennen. Es muss immer sachlich zugehen, etwas anderes lässt er nicht zu.

Bjarne legt außerdem sehr viel Wert auf Disziplin, Verhalten und Umgangsformen. Was er sagt, das zählt. Wenn es heißt, wir haben Dinner, dann erwartet er von uns

Rennfahrern, dass wir anschließend zur rechten Zeit im Bett sind. Dinner ist eben keine Party. Wenn dagegen Party angesagt ist, kann jeder zu Bett gehen, wann er will. Er ist sehr aufmerksam, hat einen Blick für die Situation. Wenn es Zeit ist, zu feiern, dann wird auch gefeiert.

Beim Trainingslager im Januar hingegen geht es knallhart zu. Da fallen wir nach eisenhartem Training täglich fast halbtot ins Bett. Bjarne unterscheidet genau, wann es gilt und wann nicht. Das hat die Mannschaft erkannt, und deswegen ziehen alle Fahrer voll mit. Bjarne erwartet das auch, es ist für ihn ein Zeichen der Einstellung, mit der man an den Job herangeht.

Deshalb sucht Bjarne stets Rennfahrer, die bereit sind, an ihre Grenzen zu gehen – und zwar nicht nur im Rennen oder Training, sondern auch bei der persönlichen Entwicklung. Ich denke, dass Bjarne das an mir beobachtet hat und mich deshalb ins Team holte. Er hat einfach gesehen, dass und wie ich über Jahre hinweg konstant meine Leistungen bringe; dass ich einer bin, der das ganze Jahr über hart arbeitet und sich nicht nur auf ein Ziel konzentriert. Deshalb hätte Jan Ullrich, wäre er tatsächlich zu CSC gewechselt, mit Bjarne sicher so seine Probleme bekommen.

Bjarne schaut sich auch genau die Stationen an, bei denen Fahrer schon unter Vertrag waren. Wandervögel, die jedes Jahr weiterziehen, haben bei ihm nicht so gute Chancen; aus der Tatsache, dass jemand für mehrere Jahre bei einem

Team bleibt oder war, schließt er darauf, dass derjenige auch bereit ist, sich in ein Team einbinden zu lassen. Nachdem ich sechs Jahre in einer Mannschaft in Frankreich war, konnte er bei mir wohl davon ausgehen. Jedenfalls hieß es, man habe mich auch deshalb verpflichtet, weil ich ein vernünftiger Kerl sei. Darüber habe ich mich ziemlich gefreut.

Auf dieses Foto bin ich stolz: Nicht viele können sagen, dass sie Lance Armstrong mit so einem leidenden Gesichtsausdruck neben sich hatten (Georgia-Rundfahrt 2004).

Ich wollte aber vor allem Neues ausprobieren, deshalb habe ich mich damals um ein anderes Team bemüht. Nach den Jahren bei Crédit Agricole war vieles zur Routine geworden, ich brauchte eine neue Herausforderung und war deshalb unheimlich motiviert. Der einfachere Weg wäre vermutlich gewesen, so weiter zu machen, gutes Geld zu verdienen und langsam dem Karriereende entgegenzuradeln. Aber dass dies nicht meine Art ist, habe ich ja gelegentlich schon erwähnt.

Von Bjarne Riis' Methoden, insbesondere mit Blick auf das Training, hatte ich schon vieles gehört, aber selbst natürlich nichts davon erlebt. Die Vorbereitung bei ihm ist sehr, sehr hart, extrem detailliert und vor allem sehr wissenschaftlich geprägt. Das war für mich eine völlig neue Erfahrung. Auf einmal war nicht mehr nur stundenlanges Rollen gefragt – ich musste Intervalle in bestimmten Zeiteinheiten fahren, aber auch die Pausen exakt einhalten, es ging dabei um Sekunden.

Die SRM-Kurbel von Uli Schoberer wurde zur ständigen Begleitung und ist es geblieben. Die Zahlenreihen wurden lang und länger, aber die Fortschritte damit auch Schwarz auf Weiß sichtbar. Wenn ich im Januar mit Puls 180 eine Leistung von 400 Watt fuhr, musste ich im Mai bei gleicher Herzfrequenz 450 Watt schaffen. Der Höhepunkt sollte bei der Tour de France erreicht sein, dann musste ich in der Lage sein, 480 Watt zu leisten. Diese ganzen Leistungsdaten werden umso wertvoller, je länger man sie sammelt, denn die Vergleiche von Jahr zu Jahr geben genauen Aufschluss darüber, ob und wie man sich weiterentwickelt und wie man mit seiner aktuellen Leistung im Vergleich zum Vorjahreszeitraum dasteht.

Bjarne ist dabei nicht nur ein guter Manager, sondern auch ein enorm kenntnisreicher und erfahrener Trainer – er weiß, wie man trainieren muss, um das Beste aus sich herauszuholen. Nicht anders bei mir: Bei meinem Gesamtsieg der Deutschland-Tour 2006 war ich persönlich absolut am Limit. Ich konnte und kann mir nicht vorstellen, dass ich als Rennfahrer noch viel besser werden kann – doch da ist Bjarne anderer Meinung. Er ist sich sicher, dass er mich noch mehr motivieren und mir noch mehr Selbstbewusstsein für die Zukunft geben kann – und ich vor allem dadurch noch erfolgreicher sein werde.

Ich gebe zu, es hat einige Zeit gedauert, bis ich es kapiert hatte, aber Bjarne hatte zweifellos Recht: »Jens,« hat er anfangs immer wieder zu mir gesagt, »du musst nicht zu Beginn eines Rennens attackieren. Das machen nur die Neoprofis.« Ich hingegen solle am Ende mit den Großen der Zunft fahren, von denen ich selbst einer sei. Wenn man das erst mal verinnerlicht hat, dann funktioniert es auch.

Bjarne Riis ist ein Sportlicher Leiter, der den Erfolg sucht, keine Frage. Aber für ihn ist der Erfolg direkt verbunden mit der Persönlichkeit seiner Rennfahrer und deren Entwicklung. Ich erinnere mich noch gut daran, wie ich zum ersten Mal zum Team kam. Wie er uns klarmachte, dass er uns Werte vermitteln wollte, die uns unser ganzes Leben hindurch begleiten sollten. Es genügt ihm nicht, uns zu besseren Rennfahrern auszubilden – er will, dass wir uns auch als Persönlichkeiten weiterentwickeln. Aus meiner Sicht ist das ein sehr hoher Anspruch, aber Bjarne will ihn erfüllen, und darauf hat er seine ganze Arbeit mit uns ausgerichtet.

So zu arbeiten, ist weder für Bjarne einfach noch für uns Rennfahrer. Viele von uns hatten von den Dingen, von denen Bjarne da redete, in ihrer bisherigen Laufbahn noch nie gehört. Nach Bjarnes Prinzipien zu leben, ist für viele schwer. Er verlangt die stets offene Kommunikation, aber auch Ehrlichkeit und Fairness. Bjarne würde nie einen Fahrer ins Team holen, der menschlich nicht dazu passt, und wenn er schon zehn Klassiker gewonnen hätte. Harmonie, Kameradschaft und Zusammenhalt zählen bei ihm mehr als nur der sportliche Erfolg. Außerdem fragt er die Mannschaft bei Neuverpflichtungen nach ihrer Meinung. Wenn die Hälfte sagen würde: Hol' den Mann bitte nicht – dann würde er es tatsächlich sein lassen.

Das Ergebnis ist ein Team, in dem kein Futterneid existiert. Ich will das mal an einem Beispiel verdeutlichen: Bei der Dänemark-Rundfahrt 2004 stand ich vor der letzten Etappe mit zwei Sekunden Vorsprung an der Spitze der Gesamtwertung. Auf Platz zwei lag zu diesem Zeitpunkt mein dänischer Teamkollege Kurt Asle Arvesen. Da bin ich vor dem Start zum Sportlichen Leiter Kim Andersen gegangen und habe ihn gefragt, ob er etwas dagegen hätte, wenn wir im Team dafür sorgen würden, dass Kurt diese Rundfahrt gewinnt. Ich wollte das selbst auch, denn Kurt hatte mich in der Saison immer wieder hervorragend unterstützt, und ich konnte dadurch auch einige Rennen gewinnen.

Kim Andersen hat nicht sofort zugestimmt, sondern erst mit Bjarne Riis darüber gesprochen. Der verstand, worum es ging und gab uns das Okay. Also haben wir gleich bei der ersten Sprintwertung der Schlussetappe im Team den Spurt für Kurt angezogen, und er konnte tatsächlich die Zeitgutschrift holen, die letztlich zum Gesamtsieg reichte.

Dass man eine Rundfahrt so einfach an einen Kameraden verschenkt, ist keinesfalls üblich, aber ich finde, das gebietet manchmal auch der gegenseitige Respekt. Radsport ist schließlich auch ein Teamsport.

Das legendäre Teamtraining

Als ich zum ersten Mal 2005 zu einem Teamtraining bei Bjarne Riis aufgefordert wurde, konnte ich mir in kühnsten Träumen nicht vorstellen, was mich da erwartete. Schon bei der ersten Begegnung mit meinem neuen Team wurde mir aber schnell klar, um was es hierbei geht. Nicht um Abenteuer und sonstige Spiele, sondern einfach darum, in bestimmten Krisensituationen eine brauchbare Antwort darauf zu finden. Der Radsport ist eine sehr harte Sportart, und man kommt deshalb auch sehr häufig in Krisensituationen, wenn etwa der Kapitän plötzlich stürzt und ausfällt, die Taktik über den Haufen

Team CSC beim Besuch eines Jugendprojekts in einem der Homelands in Südafrika (beim Teamtraining 2007).

geworfen wird oder der Plan, den man noch vor dem Rennen geschmiedet hat, nicht funktioniert.

Um auf solche Situationen oder Momente vorbereitet zu sein, ist es notwendig, dass man Krisen gemeinsam zu meistern lernt. Bei solchen Übungen lernt man sich deutlich besser kennen als im sportlichen Alltag, und man arbeitet dann auch sehr bald effektiver zusammen als vorher.

Bjarne bezeichnet diese Trainings nie als »Survival Camps« – so heißen sie nur in der Presse. Dennoch ist es ein wesentlicher Bestandteil des Ablaufs, die Teilnehmer durch körperliche Belastung, wenig Schlaf und wenig Nahrung in kürzester Zeit in eine Krisensituation zu bringen. Gerade wenn wir müde und körperlich kaputt sind, will er sehen, wie jeder einzelne reagiert. Dabei kann sich dann auch zeigen, wie eine Gruppe diese schwierige Situation gemeinsam meistert. Es darf auf keinen Fall Opfer geben, sonst ist das Ziel nicht erreicht.

Während eins solchen Teamtrainings sind alle Teilnehmer so gut wie ununterbrochen in Bewegung, alle stehen ständig unter Stress, und es gibt keine Phase der Erholung. Man fühlt sich bald, als wäre man durch den Fleischwolf gedreht worden. Und das zieht sich dann über mehrere Tage.

Die Teilnehmer bilden Gruppen mit je einem Teamführer, der nach fünf Stunden ausgetauscht wird. Jeder Radsportler muss während des Camps Führungsaufgaben für seine Gruppe übernehmen. Da ist es völlig unerheblich, ob man Neo-Profi oder schon lange im Geschäft ist.

Gerade die jungen Rennfahrer tun sich als Anführer natürlich schwer, sie zeigen einfach zu viel Respekt vor den gestandenen Profis. Dennoch müssen auch sie Befehle geben und diese mit den »alten Hasen« gemeinsam umsetzen. So soll und kann sich mit der Zeit aus dem untereinander noch etwas unsicheren Haufen eine Gruppe von Freunden entwickeln.

Welche Aufgaben uns beim alljährlichen Teamtraining zu Beginn einer Saison erwarten, weiß natürlich nur Bjarne. Eines aber ist allen klar: Es ist kein Zuckerschlecken. In diesem Jahr waren wir in Südafrika. Dort mussten wir Muscheln sammeln, Fische angeln oder nach Garnelen tauchen und diese dann unter freiem Himmel selbst zubereiten. Ehe wir überhaupt begannen, erhielten wir vor Ort noch eine Einweisung zum Thema Giftschlangen und Skorpione, schließlich sollten wir auf alle Gefahrensituationen vorbereitet sein.

Das ist notwendig, weil wir immer auch mindestens zwei Nächte im Schlafsack unter freiem Himmel verbringen. Das wichtigste beim Aufstehen ist es dann, ehe man in die Stiefel schlüpft, diese erst einmal umzustülpen, falls sich eine Schlange darin verkrochen hat. Ich hatte davor eine wahnsinnige Angst. Da überlegt man sich sogar, ob man doch wach bleiben sollte. Aber keine Chance: Die Müdigkeit ist einfach zu groß. Ganz wichtig ist auch, dass immer einer aus der Gruppe das Feuer und das Camp bewacht und in Notsituationen Alarm schlägt.

Da macht das Tauchen im Neopren-Anzug und mit Schnorchel einfach mehr Spaß. Ich war richtig stolz, als ich aus fünf Metern Tiefe zwei kleine Garnelen fangen und heraufholen konnte. Fränk Schleck hatte da mehr Erfolg – über 20 Exemplare hat er aus der Tiefe geholt! Er war unter Wasser schnell wie ein Hai. – Es ist schon erstaunlich, welche Aufgaben ich seit meinem ersten Camp im Jahre 2003 im CSC-Team übernehmen musste.

Bei einem solchen Teamtraining wird es auch immer schwierige Situationen geben, die einzelne an ihre Grenzen bringen. Entscheidend ist aber, dass man sich bei dieser Art von Teambuilding schnell wieder über die grundlegenden Dinge im Leben klar wird. Es führt einen auf den Boden der Tatsachen zurück. Man spürt dabei ganz deutlich, wie viel Rückhalt und Freundschaft man in der Mannschaft hat. Zudem lernt man die anderen deutlich besser kennen. Erst wenn man müde und erschöpft ist, sagt man knallhart, was man denkt. Da ist man dann nicht immer nett und freundlich wie beim Kaffeetrinken.

In einer Phase der Erschöpfung gilt es, auch die Nahrung klug einzuteilen. Das geht oft soweit, dass man nicht mehr in der Lage ist, den Kaffee zu kochen, sondern das Kaffeepulver direkt in den Mund schüttet, egal wie es schmeckt. Hauptsache, etwas im Magen. In den seltensten Fällen

Vor dem Aufbruch erhielten wir ein kurze Einführung zum Thema Schlangen, die meinem Nachtschlaf nicht gerade dienlich war.

Packen der Rucksäcke am ersten Tag; wir sehen alle noch recht frisch aus.

Beim Abseilen von einem schroffen Felsen; das war ziemlich hoch und kostete schon etwas Überwindung.

Ein typisches Bild: Wenn es eine Pause gibt, gehen alle zu Boden und versuchen einige Minuten Schlaf aufzuholen.

reicht die zugeteilte Nahrung wirklich aus. Da gibt es einige, die essen in der ersten Pause alles auf, um keine Vorräte mehr mitschleppen zu müssen. Und da gab es auch schon Kollegen, die versucht haben, mitgebrachte Riegel in den Rucksack zu schmuggeln. Spätestens bei der Rucksackkontrolle, die bisher immer stattgefunden hat, erleben sie dann ihr blaues Wunder.

Es darf einfach nichts mitgenommen werden, dazu zählt auch das Handy. Wer sich nicht an diese Vorgaben hält, dessen Gruppe wird zu einer Strafübung verdonnert. 30 Liegestütze im Kampfanzug und mit vollem Gepäck sind da keine Seltenheit. Der Betroffene selbst bleibt davon verschont. Damit will Bjarne erreichen, dass die Teammitglieder selbst darauf achten, dass keiner aus ihrer Gruppe aus der Reihe fällt.

Im Verlauf des Camps kann es auch schon mal passieren, dass nach dem ursprünglichen Plan A plötzlich noch ein Plan B folgt, der noch schwierigere Herausforderungen an uns stellt. Das entscheidet die Teamleitung nach dem Verlauf der bereits bewältigten Übungen. So mussten wir uns beispielsweise zusätzlich noch an einem Staudamm abseilen. Je nach Witterung und den örtlichen Gegebenheiten kann aber auch mal Plan C ausgerufen werden, der dann ein leichteres Programm vorsieht.

Die Krönung des Teamtrainings ist dann meist ein Barbecue zum Abschluss, auf das wir uns alle immer sehr freuen – kein Wunder, oder? Auch wenn mir diese Form

Zum Ende des Trips hat keiner mehr Haargel dabei. Das ist auch völlig gleichgültig: Wann war noch mal die letzte Dusche?

Ganz schön hoch! Aber alle sind da hinunter: Busfahrer, Mechaniker und Rennfahrer ...

von Teamtraining bis zu meinem Wechsel zu CSC völlig neu war – inzwischen bin ich sehr davon überzeugt. Diese gemeinsamen Übungen zur Krisenbewältigung haben mich nicht nur sportlich ein Stück weiter gebracht, sondern mich auch in meiner Motivation bestärkt, dass es sich immer wieder lohnt zu kämpfen.

Arbeiten für den Teamchef

Im Jahre 2004 kam Ivan Basso von Fassa Bortolo also zu uns. Eigentlich keine grundlegend neue Situation für mich, denn zuvor waren Chris Boardman und Frédéric Moncassin die Häuptlinge im Team, dann Bobby Julich, dann Christoph Moreau. Es hat viele Vorteile, wenn man einen Kapitän hat, denn dann ist die Hierarchie und die Aufgabenverteilung klar, und es denkt nicht jeder, er sei jetzt auch mal dran, den Kapitän zu spielen. Mit einem Kapitän, der bei der Tour de France für den Sieg in Frage kommt, ist das Rennprogramm besser strukturiert. Mit einem Kapitän hat man eine Strategie für die drei Wochen der Tour, und es gibt eine Taktik für jede einzelne Etappe. Die kann dann natürlich immer noch angepasst und verändert werden. Aber wenn du erst mal einen großen Plan hast, ist es immer einfacher, weil alle daran mitarbeiten, alle sich daran halten.

Ich finde es eigentlich auch einen guten Ansporn, jemanden im Team zu haben, der die Tour zumindest theoretisch gewinnen kann. Und es war und ist kein Problem für mich, für einen Kapitän zu arbeiten. Die Tour 2005 hat ja auch gezeigt, dass es nicht ausgeschlossen ist, dennoch seine eigene Chance zu bekommen. Zu Beginn der Tour habe ich eine gute Woche lang gebettelt und Bjarne Riis immer wieder mit der Frage konfrontiert: »Darf ich heute attackieren?« Im Hintergrund wartete unter anderem die Chance, im Gelben

Trikot nach Karlsruhe zu fahren. Aber Bjarne antwortete immer nur: »Nein, du bleibst im Feld.«, oder: »Nein, du bleibst bei Ivan.« Auf der neunten Etappe mit Start in Gerardmer aber war es dann doch so weit. Bjarne gab morgens die Parole aus: »Alle bleiben im Feld, außer Jens, der darf heute weg.« Und der fuhr dann auch weg – und holte sich sein zweites Gelbes Trikot bei der Tour de France.

Leider erging es mir dabei genau so wie vier Jahre zuvor: Zwei Tage später, nach dem ersten Ruhetag der Tour, verlor ich das Trikot wieder, allerdings auf einer schweren Bergetappe mit Ankunft in Courchevel. Ich fühlte mich schon den ganzen Tag schlecht und wurde dann richtig krank. Ich bekam 40 Grad Fieber, Schüttelfrost und war ziemlich benommen. Ich kann mich gar nicht mehr so genau an alle Einzelheiten erinnern.

Am nächsten Tag beim Frühstück war das Fieber dann weg. Ich hatte Antibiotika intus, und der Arzt wollte, dass ich etwas esse und dann erst einmal schauen, wie es mir geht. Ich fragte ihn, ob ich starten könne. Der Arzt antwortete, das wäre meine Entscheidung. »Es ist nicht gefährlich für deine Gesundheit, sonst würde ich dich nicht starten lassen. Aber du kannst dich auch einfach ausruhen und nach Hause fahren.« Ich entschied mich, weiter zu fahren. Man weiß ja nie, wie es läuft bei der Tour. Bleibt die Etappe etwas ruhiger, dann bist du vielleicht bis ins Ziel dabei und bleibst im Zeitlimit. Dann kommen ein paar flache Etappen, du erholst dich wieder etwas und fährst vielleicht doch noch bis Paris mit.

Also habe ich es probiert. Leider attackierte Vinokourov recht früh, und das Rennen wurde gleich schnell. Ich war entsprechend früh abgehängt und alleine. Ursprünglich sollte Luke Roberts noch bei mir bleiben, aber ich sagte zu ihm: »Luke, für mich gibt es wenig Hoffnung. Rette dich selbst und schau, dass du im Zeitlimit bleibst. Entweder es klappt bei mir noch, oder es klappt eben nicht.« Und dann bin ich den ganzen Tag alleine gefahren, den Madeleine hoch, dann den Galibier, es war wirklich schwer. Leider kam ich 41 Sekunden zu spät in Briançon an – denkbar knapp. Aber ich konnte wenigstens sagen: »Ich bin nicht ausgestiegen.« Aus dem Rennen genommen wegen Überschreitung des Zeitlimits – ich muss ehrlich sagen, ich selbst hätte mich auch nicht begnadigt, es muss ja Regeln geben. Wenn du krank bist und das Zeitlimit nicht schaffst, dann bist du eben draußen, fertig, aus. Ich will ja nicht aus Mitleid bei der Tour de France sein, sondern weil ich gut bin und dahin gehöre.

Meine Frau hatte mich vor der Etappe darum gebeten, nicht zu starten; ihr hatte es nicht gefallen, sie hatte sich Sorgen um meine Gesundheit gemacht. Sie sah dann im Fernsehen, wie ich ganz grau im Gesicht mehr oder weniger über die Ziellinie getaumelt bin. Ich konnte ihr aber trotzdem nur antworten: »Tut mir leid, aber ich musste das machen. Ich kann nicht einfach aufgeben.«

Giro d'Italia:
Der verschenkte Sieg

Nach einigen Jahren als Profi und mehreren Starts bei der Tour de France wuchs bei mir der Wunsch, auch die beiden anderen großen Landesrundfahrten, den Giro d'Italia und die Vuelta a España, kennenzulernen. Nicht ganz unwichtiger Nebeneffekt: Wenn man über mehrere Jahre ein ziemlich ähnliches Rennprogramm über den Verlauf der Saison absolviert, muss man irgendwann mal etwas anderes machen und neue Reize setzen. Dass ich also 2006 zur Vorbereitung auf die Tour de France beim Giro an den Start gehen wollte, gefiel Bjarne Riis jedoch zunächst überhaupt nicht. »Lass das mal«, sagte er, »dafür haben wir doch genug andere Fahrer.«

Ich blieb aber hartnäckig und konnte gute Gründe für meinen Plan anführen: Mir fehlten aus dem Frühjahr etliche Wettkampf-Kilometer zur Formvorbereitung für die Tour de France. Ich hatte mir im November 2005 beim Einfahren zu einem Crossrennen in meiner früheren Heimat Dassow bei einem Sturz eine schwere Schulterverletzung zugezogen, die operiert werden musste. Es waren drei Sehnen gerissen, die den Schlüsselbeinknochen am Schultergelenk fixieren. Bei der OP wurde ein Metallstück eingesetzt, das im Januar 2006 wieder entfernt werden musste. Bedingt durch diese Verletzung war ich spät in die Saison gestartet, aber doch noch rechtzeitig zu den Frühjahrsklassikern ganz gut in Form gekommen. Gerade meine Leistung bei »Rund um den Henninger Turm«, wo ich nur knapp den Sieg verpasste, hat Bjarne Riis dann doch noch zum Umdenken bewogen. Ich konnte beim Giro d'Italia starten und kam der Erfüllung meines Traums näher, in meiner Karriere alle großen Landesrundfahrten mindestens einmal zu bestreiten.

Beim Giro ist einiges anders. Es ist ein sehr schönes Rennen, einfacher als die Tour de France, mit deutlich weniger Stress als in Frankreich. In den drei Wochen in Italien musste ich lediglich drei Fernseh-Interviews geben, dazu fünf oder sechs Interviews für Zeitungsjournalisten. Ziemlich relaxt. Ich musste auch für niemanden ein Internet- oder sonstiges Tagebuch schreiben. Ich musste einfach nur Rad fahren, und das nach etwas Regen und Wind zum Auftakt in Belgien bei zunehmend schönerem und wärmerem Wetter in Italien. Der Wind spielte keine Rolle, es gab nicht eine Situation auf der Windkante. Die Bergetappen und die Zeitfahren haben das Rennen entschieden.

Auch das Renntempo ist anderes als bei der Tour – beziehungsweise so wie bei der Tour vor vielen Jahren. Es wurde nicht gleich nach dem Startschuss die erste Attacke gefahren, sondern ging schon mal die ersten beiden Stunden eher ruhig dahin. Trotzdem waren viele Etappen sehr lang und sehr hart, und besonders auf den Bergetappen kam es am Ende oft knüppeldick.

Der erste Ruhetag nach nur vier Tagen war ziemlich unnötig. Im Prinzip war das der Transfertag von Belgien nach Italien. Nach vier weiteren Tagen folgte wieder ein Ruhetag, was ebenfalls nicht sehr sinnvoll war. Ich fand es im Interesse der Rennfahrer nicht klug, in den ersten zehn Tagen gleich zwei Ruhetage einzuschieben und danach zehn Tage lang keinen mehr. Einer nach sieben Tagen, einer nach 15, das wäre der richtige Rhythmus gewesen.

Es war trotzdem ein schönes Rennen, eben weil das Niveau der Fahrer etwas niedriger war. Bei der Tour de France sind von 198 Fahrern am Start sicherlich 150 bis 160 in absoluter Top-Form. Zehn Profis kämpfen um den Gesamtsieg, weitere 30 kommen für eine Top-Ten-Platzierung in Frage. Ich schätze, dass beim Giro von den knapp 200 Fahrern rund 50 in Top-Form sind, aber davon fahren nur drei oder vier auf den Gesamtsieg, während weitere zehn Rennfahrer für Top-Ten-Platzierungen gut sind. Der Druck auf jeden einzelnen, sich mit Blick auf einen neuen Vertrag für das kommende Jahr ganz vorne zeigen müssen, ist nicht so groß wie bei der Tour de France. Es geht deutlich entspannter zu, und es ist einfacher, sich während der Etappen vorne im Feld zu behaupten.

Der Druck der Medien und der Öffentlichkeit beschränkt sich eigentlich auf die italienischen Teams und Rennfahrer. Sicher ist das eine subjektive Einschätzung von mir, mit der ich die italienischen Freunde bestimmt nicht beleidigen will. Für sie ist der Giro von je her und für immer das größte Radrennen der Welt, aber sportlich gesehen steht diese Rundfahrt deutlich im Schatten der Tour de France, und deshalb sind die internationalen Stars dort auch nicht ganz so motiviert.

Ernst genommen haben wir den Giro natürlich trotzdem. Für unser Team CSC sollte es die Generalprobe für die Tour de France werden. Ivan hatte schon im Frühjahr angekündigt, dass er auch in Italien auf das Gesamtklassement fahren und den Giro gewinnen wolle. Für die Mannschaft kam es also darauf an, eigentlich zum ersten Mal, die gesamte Arbeit dem einen Ziel unterzuordnen, den Kapitän bestmöglich zu unterstützen und zu beschützen. Für mich bedeutete das natürlich auch eine Umstellung in meiner Fahrweise, denn anzugreifen und Ausreißergruppen zu initiieren, um auf die Jagd nach Etappensiegen zu gehen, das passt natürlich nicht zu der Aufgabe, einen Kapitän zu unterstützen.

Wahrscheinlich fiel es deswegen auch so auf, dass ich plötzlich bei ganz anderen Gelegenheiten als sonst im Fernsehen zu sehen war. Mein Job bestand darin, möglichst lange bei Ivan zu bleiben und in den entscheidenden Anstiegen durch hohes Tempo an der Spitze das Feld zusammenzuhalten, um Attacken zu vereiteln. Einige Leute schauten echt verdutzt, als ich von vorne in die Steigungen hinein fuhr – dabei ist es ja auch sonst nicht so, dass ich überhaupt nicht über die Berge komme. Normalerweise sieht eben nur meine Aufgabe anders aus.

Aus dieser Konstellation ergab sich schließlich auch die Situation bei der ziemlich denkwürdigen Etappe nach

Passo di San Pellegrino, eigentlich die Königsetappe dieses Giro. Bjarne rechnete damit, dass die Favoriten wie Ivan Basso, Gilberto Simoni, Damiano Cunego oder Paolo Savoldelli spätestens am Schlussanstieg nach San Pellegrino angreifen und untereinander um die Gesamtführung kämpfen würden. Deshalb sagte er bei der Besprechung: »Jens, wenn sich eine Gruppe bildet, gehst du mit und bleibst in der Spitze, damit Ivan im Finale noch einmal Unterstützung hat, wenn die von hinten kommen.«

Mancher kann sich vielleicht nicht recht vorstellen, was das helfen soll; am Berg spielt der Windschatten ja keine große Rolle, und ich kann gegen Ende einer Etappe natürlich auch nicht mehr viel Führungsarbeit leisten. Für die Motivation ist es aber unglaublich wichtig, wenn man am Berg noch einmal jemanden von der eigenen Mannschaft vor sich sieht. Man kann ein paar Worte wechseln, vielleicht noch einmal eine Trinkflasche anreichen und bei einer Panne natürlich auch das Rad tauschen.

Als sich an diesem Tag dann eine Spitzengruppe bildete, bin ich natürlich mitgefahren. Ich habe den anderen aber gleich signalisiert, dass ich nicht weiter dafür arbeiten würde, was denen sowieso klar war. Ich hab mich aus allen Zwischensprints und Bergwertungen herausgehalten und bin einfach nur mitgefahren. Als wir immer näher Richtung Ziel kamen, blieb im Feld trotzdem alles ruhig, und so langsam konnten wir in der Gruppe durchaus mal an den Etappensieg denken. Ich habe dann über Funk gefragt: »Bjarne, darf ich ein bisschen mitfahren?«, doch der antwortete, »Nein, du bleibst am Hinterrad und wartest auf Ivan.« Das ging etwa drei- oder viermal so, und jedesmal hat Bjarne mir verboten, etwas zu tun.

Irgendwann war ich dann mit Juan Manuel Garate allein vorn, und es waren nur noch zwei Kilometer bis ins Ziel. Da sagte Bjarne plötzlich über Funk: »Die Fahrt ist frei, du kannst um den Etappensieg fahren.« Da habe ich dann allerdings geantwortet: »Nee, Bjarne, das geht jetzt nicht mehr. Das kann ich nicht machen.« Bjarne war hörbar sauer und hat mich noch einmal aufgefordert, um den Etappensieg zu kämpfen, aber ich habe wieder gesagt: »Das kann ich nicht, da ist keine Ehre drin.« Und so habe ich Garate, der den ganzen Tag dafür gearbeitet hatte, die Etappe gewinnen lassen.

Bjarne war noch eine Zeit lang etwas ungnädig, aber abends kam er zu mir und meinte: »Jens, das war groß. Ich habe im Auto die Situation vorne natürlich nicht so genau gesehen wie du, deswegen habe ich gesagt, du sollst fahren, aber es war richtig, was du gemacht hast.« Am nächsten Morgen in der Teambesprechung kam er noch einmal auf das Thema zurück und sagte dann zu allen: »Ich war zwar zuerst nicht einverstanden mit Jens' Entscheidung, aber ich respektiere sie jetzt. Das ist genau das, was ich sehen will: Mündige Rennfahrer, die zu ihrer Meinung stehen.«

Für mich war es jedenfalls klar, so zu handeln. Das sind die Regeln des Radsports, und an die halte ich mich gern, auch wenn das vielleicht altmodisch ist. Andererseits: Wenn das

Rennen jetzt nicht mein erster Giro gewesen wäre, sondern meine letzte Tour, und die Etappe die letzte Chance auf meinen ersten Etappensieg – wer weiß, ob ich dann auch noch so konsequent gewesen wäre ...

Der Ausgang des Giro 2006 ist ja hinreichend bekannt. Ivan Basso gewann ziemlich überlegen. Innerhalb unserer Mannschaft waren die Meldungen aus Spanien über die »Operación Puerto« damals noch gar kein Thema. Wir bekamen wenig mit und waren nur überrascht, als wir hörten, dass Jan Ullrichs Name in diesem Zusammenhang genannt wurde. Nachdem er alles dementiert hatte und dann auch aus dem Giro ausgestiegen war, war das Thema für uns aber wieder erledigt.

Für die Mannschaft war der Giro ein Triumph – ein Italiener als Sieger des wichtigsten Rennens in Italien, besser hätte es gar nicht laufen können! Am Abend des Sieges fuhren wir mit der gesamten Mannschaft gut eine Dreiviertelstunde lang in ein kleines Dörfchen in den Bergen, weit weg vom Trubel. Im dortigen Restaurant waren nur die Rennfahrer und die Betreuer zum Abendessen anwesend. Keine Familienangehörigen, keine Journalisten. Ein schöner Abend – aber rückblickend betrachtet schwebten dort wohl schon die ersten dunklen Wolken über uns.

Deutschland-Tour 2006 und 2007: Doppelsieg in Folge

Mancher fragt sich vielleicht, wie das gehen kann, dass man kurz nach der Tour de France wieder so motiviert und dann in so guter Form ist, dass man beim nächsten schweren Rennen gleich wieder vorne mitmischen kann. Aber es ist eben auch so: Die Tour ist im Grunde ja auch nur ein Radrennen. Irgendwann ist es zu Ende, und dann stehen neue Rennen auf dem Kalender. Und da Radrennen fahren mein Job ist, kann ich ja nicht sagen, wow, jetzt bin ich ein toller Tour-Held und muss erstmal ein paar Wochen Pause machen.

Kim Andersen, unser Sportlicher Leiter, sprach mich zum Ende der Tour 2006 an: »Ich sehe, dass das läuft bei dir. Die Form stimmt – reiß' dich noch eine Woche zusammen und schau, ob die Deutschland-Tour auch gut läuft.« Die Teamleitung hatte keine weiteren Erwartungen mehr an mich. Ich hatte mit meinem Tour-Etappensieg zum richtigen Zeitpunkt alles erreicht, was wichtig war, und hätte auch mit gutem Gewissen einige Zeit durchhängen können.

Ich habe die Deutschland-Tour aber sehr ernst genommen. Ich fuhr die Kriterien, um den Motor am Laufen zu halten, habe jeden Morgen trainiert, habe weiter gesund gelebt, bin auf keine Party gegangen. So stand ich eine Woche später in Top-Verfassung am Start der Deutschland-Tour. Als wir beim Prolog in Düsseldorf dann im Regen von der Rampe fuhren, war die Stimmung schon nicht mehr so toll. Es gab enorm viele Stürze, aus unserer Mannschaft musste David Zabriskie aufgeben, und ich landete nach vorsichtiger Fahrt auf Platz 85. Ich dachte einerseits, verdammt, wieso ist bei der Deutschland-Tour eigentlich immer so schlechtes Wetter? Andererseits kommt mir schlechtes Wetter aber auch zugute, denn alles, was ein Rennen eklig macht – Regen, Kälte, Wind –, ist eigentlich gut für mich, weil ich langsamer müde werde und später die Moral verliere als andere.

Dann konnte ich die zweite Etappe nach Goslar gewinnen und dachte: Mann, da geht ja doch was! Ich konnte bei Davide Rebellin und Andrej Kashechkin mitfahren. Nach der fünften Etappe, die Levi Leipheimer gewann, sagte der zu mir: »Ich hab' dich von hinten kommen sehen und wusste, ich muss weg sein, bevor der Voigt bei mir ist – sonst gewinnt der die Etappe.« Das gibt Moral.

Ich muss natürlich auch zugeben, dass es für mich nicht schlecht war, dass der Rennleiter Roland Hofer auf den Protest der Rennfahrer hin das Kühtai aus der Strecke nahm. Uns war es absolut zu gefährlich, bei Schneetreiben und Temperaturen um den Gefrierpunkt über den Pass zu fahren. An dem Berg wäre es mir bestimmt recht schwer gefallen, mein Gelbes Trikot zu verteidigen. Gespannt und unsicher war ich, ob ich das Trikot beim Zeitfahren würde verteidigen können – jedenfalls unsicherer als mein Team.

Für die war das überhaupt kein Thema, unser Mechaniker Roger schraubte mir sogar gelbe Pedale ans Rad und wickelte mir gelbes Lenkerband um den Zeitfahrlenker. Ich fuhr wie der Teufel und hatte ständig Panik, Zeit zu verlieren, aber es lief super.

Natürlich gab es auch die anderen Momente. Ich konnte es oft fast körperlich spüren, wie die Zuschauer an der Straße mir misstrauisch hinterher sahen. Ich wusste genau, was die dachten: Wieso fährt der Voigt auf einmal so gut? Und auch noch am Berg? Ich kann dazu nur sagen: »Leute, ihr müsst auch mal ein bisschen darauf schauen, wer im Rennen mitfährt.« Ich war bei der Tour de France 53. geworden. Von den Fahrern, die vor mir platziert waren, fuhr kaum einer die Deutschland-Tour, und wenn, dann unter anderen Vorzeichen. Levi Leipheimer war schon bei der Tour der Kapitän seines Teams Gerolsteiner und entsprechend härter gefordert als ich in meiner Rolle als Helfer. Und: Ein bisschen Patriot bin ich ja auch – ist doch klar, dass ich mich mit dem Gelben Trikot der Rundfahrt meines Heimatlandes noch mehr als sonst schon dagegen wehre, abgehängt zu werden …

Fast unglaublich, dass ich direkt nach der Deutschland-Tour auch das Rennen »Rund um die Hainleite« in Erfurt gewinnen konnte. Ich schwebte endgültig auf Wolke sieben, als ich noch einen Tag später ebenfalls den Sparkassen-Giro in Bochum für mich entscheiden konnte. Dabei muss ich gestehen, dass ich mir vorgenommen hatte, nach dem Rennen in Erfurt eine kleine Pause einzulegen. Andererseits wollte ich meinen Freund Rolf Aldag, der in Bochum als Sportlicher Leiter fungierte, nicht enttäuschen. Und meine Form war so gut wie schon lange nicht mehr, ich war selten so dünn und austrainiert wie in diesen Tagen. So kam es dann, dass auch die Tage nach der Deutschland-Tour 2006 noch richtig erfolgreich waren.

Nach dem Sieg 2006 war dem Team klar, dass wir auch bei der Deutschland-Tour 2007 wieder zu den Favoriten zählen würden. Dementsprechend verliefen Planung und Vorbereitung: Teamchef Bjarne Riis bot seine stärksten Leute auf; besonders wichtig war dabei Fabian Cancellara, um das Mannschaftszeitfahren abzusichern. Dabei stand fest, dass Fabian die Rundfahrt nicht zu Ende bringen würde, da für ihn die WM im Einzelzeitfahren anstand.

Wie wir es geplant hatten, so kam es dann auch: Fabian war eine wichtige Unterstützung im Mannschaftszeitfahren, und danach hat er sich vom Team verabschiedet, um sich gezielt auf die WM vorzubereiten. Ohnehin hatten wir mit Andy Schleck und Chris Anker Soerensen zwei starke Akteure für die Berge im Team, außerdem zuverlässige Fahrer, die in der Lage waren, das Tempo im Feld zu kontrollieren. Wichtig war, dass ich mir schon auf der ersten Etappe in den Zwischensprints eine Zeitgutschrift von einer Sekunde sichern konnte, um eine Spitzenposition für das Mannschaftszeitfahren zu erreichen. Unser Ziel war es, dabei hinter dem Discovery-Team an den Start zu gehen. Dadurch waren wir quasi die Jäger der Amerikaner. Das hat die Mannschaft sehr beflügelt. Wir kamen schnell in

Tritt, harmonierten bestens und konnten den Sieg im Mannschaftszeitfahren erkämpfen. Ich übernahm das Gelbe Trikot. Besonders beeindruckt hat mich, welchen Anteil Fabian Cancellara mit seinem Einsatz an diesem Erfolg hatte. Das war schon sensationell. Er ist nicht umsonst Zeitfahrweltmeister: So wie Fabian die Kurven fährt, dass können nicht viele!

Der Sieg im Mannschaftszeitfahren war schon etwas Besonderes, das gab dem Team viel Mut. Dieses Selbstvertrauen war dann enorm wichtig für die schwere Etappe hinauf zum Rettenbachferner. Das Discovery-Team war unser schärfster Konkurrent im Peloton, und die Amerikaner hatten das Rennen von Beginn an klar kontrolliert. Daher war ich mir fast sicher, dass Levi Leipheimer mich am Berg abhängen wollen würde, umso wertvolle Zeit für das Gesamtklassement herauszufahren. Man hat es gespürt, Discovery wollte an diesem Tag die Vorentscheidung.

Erstaunlich war, dass sie und andere Mannschaften uns – die wir das Gelbe Trikot hatten – nicht auf Unterstützung bei der Führungsarbeit ansprachen. Das hatte aber einen positiven Effekt: Meine Teamkollegen konnten sich für die Schlussoffensive schonen und mussten nicht schon vorher unnötige Kräfte lassen. Ich hatte vor dem Schlussanstieg schon etwas Bammel, da war ich sehr froh, dass noch einige von ihnen bei mir waren.

Es wurde auch sehr früh angegriffen, ich konnte dann aber

alle Attacken mitgehen, das hat mich selbst ein wenig überrascht. Chris hatte einen großartigen Tag, er unterstützte mich nach besten Kräften, ich konnte mich blind auf ihn verlassen. Schon im ersten Drittel des Anstiegs zur Skistation am Rettenbachferner merkte ich dann, dass meine Form stimmte. Wir waren schließlich nur noch zehn Fahrer, und ich war immer noch nicht im roten Bereich. Ich konnte noch etwas zusetzen. Wichtig war, dass Chris an der Spitze das Tempo so kontrollierte, dass ich dranbleiben konnte.

Das war eine Phase, wo ich meine Gegner psychologisch ein wenig zu beeindrucken versuchte. Ich holte mehrmals tief Luft, lockerte mich auf dem Rad. Dann fuhr ich zu Chris nach vorne und redete laut mit ihm, sodass die anderen es hören konnten. Das machte wohl den gewünschten Eindruck, dass der Voigt mit seinen Reserven noch nicht am Ende sei. Ich sagte Chris, er solle ruhig mal einen Tritt herausnehmen, schließlich seien wir vorne, und momentan gäbe es keine Gefahr. Das hat seine Moral zusätzlich gestärkt, und wir konnten etwas zu Atem kommen. Dabei war klar, dass noch die eine oder andere Attacke folgen würde. Als dann der nächste Angriff kam, waren wir auch wieder voll dabei.

Dann erfuhren wir von unserem Sportlichen Leiter Kim Andersen, dass zunächst Damiano Cunego und dann auch Levi Leipheimer das Tempo nicht mehr hatten halten können und zurückgefallen waren. Das gab uns noch einmal einen zusätzlichen Schub. Als der Spanier Garcia dann kurz vor dem Ziel wegfuhr, war das Rennen für mich schon fast gelaufen. Ich konnte zwar nicht mehr mitgehen, mir aber den zweiten Platz sichern. Das brachte mir eine Zeitgutschrift und noch mehr Sicherheit gegenüber Levi Leipheimer.

Der zweite Platz auf der Etappe zum Rettenbachferner war für mich die wichtigste Platzierung bei dieser D-Tour. In den beiden folgenden Tagen auf flachem Profil bestand meine Aufgabe darin, mich ein wenig zu erholen und mich auf das Einzelzeitfahren vorzubereiten. Der Ritt zum Rettenbachferner hatte mir wirklich alles abverlangt. Kompliment an meine Kollegen im Team, die mich in den Tagen danach aus dem Wind genommen haben. Das war sehr viel Arbeit, aber sie haben es mit Bravour gemacht.

Die Krönung war dann der Sieg im Einzelzeitfahren – ein sehr schöner Abschluss einer wunderbaren Woche. Der komfortable Vorsprung hat mich für die Schlussetappe beruhigt, und es war auch abzusehen, dass es zu einer Sprintankunft kommen würde. Das hatte den Vorteil, dass sich manche Mannschaften Hoffnungen auf einen Etappenerfolg machten und sich deshalb auch an der Führungsarbeit beteiligten. So konnte ich relativ sorgenfrei die Schlussetappe in Gelb genießen. Das war ein wunderschöner Tag, den ich nicht vergessen werde. Diesen Gesamtsieg stufe ich weit höher als den vorherigen ein, nachdem ich diesmal der Gejagte war und mir bei der schwierigen Streckenführung kaum jemand die Titelverteidigung zugetraut hatte.

2008 war dann eine ganz andere Geschichte. Man kann eben nicht immer gewinnen. Wirklich schade ist aber, dass es die Deutschland-Tour nun vermutlich gar nicht mehr geben wird. Das wäre ein ganz großer Verlust für den Radsport in unserem Land. Aber vielleicht findet sich ja doch noch ein Retter dieser wichtigen und schönen Rundfahrt. Meinen Beifall hätte er.

Jens Voigt

Vita
geboren am 17.09.1971 in Grevesmühlen/Mecklenburg
Wohnort Berlin
verheiratet (Ehefrau Stephanie),
fünf Kinder (Marc, Julian, Adriana, Kim-Helena und Maya)
Größe: 189 cm
Gewicht: 76 kg
Profi seit 1997

Teams
ZVVZ-Giant (1997)
GAN/Crédit Agricole (1998 – 2003)
Team CSC (2004–2007)
Team CSC/Saxo Bank (2008)
Team Saxo Bank (2009)

Wichtigste Erfolge
1997:
1. Platz beim Prolog Sachsen-Tour
1 Etappensieg bei der Niedersachsen-Rundfahrt
Gesamtsieg Niedersachsen-Rundfahrt

1998:
1 Etappensieg bei der Baskenland-Rundfahrt (Etappe 5a)
2. Platz einer Etappe der Tour de France und Bergtrikot

1999:
Gesamtsieg Critérium International
3. Platz beim Grand Prix des Nations
1. Platz beim Paarzeitfahren Duo Normand
1. Platz beim Paarzeitfahren Breitling Grand Prix Karlsruhe
1 Etappensieg bei der Route du Sud

2000:
Gesamtsieg Bayern-Rundfahrt
7. Platz beim WM-Einzelzeitfahren
2. Platz einer Etappe der Tour de France
1. Platz bei Cholet–Pays de Loire

2001:
1. Platz beim Paarzeitfahren Duo Normand
1. Platz beim Zeitfahren Grand Prix des Nations
1. Platz beim Mannschaftszeitfahren Tour de France
Gelbes Trikot (1 Tag) bei der Tour de France
1 Etappensieg bei der Tour de France (16. Etappe)
1 Etappensieg bei der Dauphiné Libéré
1. Platz beim Zeitfahren und Gesamtsieg Bayern-Rundfahrt
1 Etappensieg bei der Polen-Rundfahrt
1 Etappensieg bei der Route du Sud

2002:
1 Etappensieg beim Critérium International

2003:
1. Platz bei Paris–Bourges
1 Etappensieg beim Critérium International
1 Etappensieg bei der Tour du Poitou–Charentes
Gesamtsieg Tour du Poitou–Charentes

2004:
2 Etappensiege beim Critérium International
Gesamtsieg Critérium International
1 Etappensieg bei der Baskenland-Rundfahrt
Gesamtsieg Bayern-Rundfahrt
1. Platz Paarzeitfahren beim Luk-Cup Bühl

2005:
1. Platz beim Prolog Paris–Nizza
3 Etappensiege bei der Mittelmeer-Rundfahrt
Gesamtsieg Mittelmeer-Rundfahrt
1 Etappensieg bei der Baskenland-Rundfahrt
1 Etappensieg beim Étoile de Bessèges
Gelbes Trikot (1 Tag) bei der Tour de France

2006:
1 Etappensieg beim Giro d'Italia
1 Etappensieg bei der Tour de France (13. Etappe)
3 Etappensiege bei der Deutschland-Tour
Gesamtsieg Deutschland-Tour

2007:
1 Etappensieg bei der Kalifornien-Rundfahrt
1 Etappensieg bei der Baskenland-Rundfahrt

1 Etappensieg beim Critérium International
Gesamtsieg Critérium International
3. Platz bei der Bayern-Rundfahrt
1. Platz beim Mannschafts- und beim Einzelzeitfahren und Gesamtsieg Deutschland-Tour

2008:
1 Etappensieg beim Giro d'Italia (18. Etappe)
Gesamtsieg Critérium International
1 Etappensieg Polen-Rundfahrt (6. Etappe)
Gesamtsieg Polen-Rundfahrt

Erfolge - Jens Voigt

Sportliche Erfolge 1993

- 1. Platz Etappen "Tour de Normandie"
- 1. Platz Mannschaftwertung "Rd.um Bonn"
- 1. Platz Etappe "Tour de la Guadeloupe"
- 2. Platz Gesamtwertung "Tour de la Guadeloupe"
- 1. Platz Etappe "Int. OWL-Rdf."
- 1. Platz Etappe "Steiermark-Rdf."
- 1. Platz Gesamtwertung "Intern. Steiermark RF"
- 1. Platz DEUTSCHER MEISTER 100 km Mannschaftszeitfahren

Sportliche Erfolge 1994

- 1. Platz Etappe "Intern.Awell-Tour"
- 1. Platz Gesamtwertung "Intern. Awell-Tour"
- 1. Platz Bundesliga Mannschaft Öschelbronn und Schönaich
- 1. Platz Gesamtwertung "Int.Niedersachsen-Rdf."
- 1. Platz "Intern. Berliner Rundstreckenmeisterschaft"
- 1. Platz Gesamtwertung Intern. Friedensfahrt "Course de la Paix"
- 1. Platz Bundesligarennen "Rund·um Merdingen"
- 1. Platz Etappe "Intern. Ernst-Sachs-Tour"
- 2. Platz Gesamtwertung "Intern.Ernst-Sachs-Tour"
- 2. Platz Internationaler Klassiker "Rund um Berlin"
- 1. Platz Gesamtwertung "Pacific Power Commonwealth Bank Classic"

Sportliche Erfolge 1995

- 1. Platz Etappe "Intern.Tour de Normandie"
- 2. Platz Gesamtwertung "Intern. Tour de Normandie"
- 1. Platz Etappe "Int.Rheinland-Pfalz-Rdf."
- 3. Platz "Intern. Rheinland-Pfalz-Rdf."
- 1. Platz 1.Etappe "Int. Steiermark-Rdf."
- 1. Platz 2.Etappe "Int. Steiermark-Rdf."
- 1. Platz Gesamt Sprinttrikot
- 1. Platz Bundesliga Magdeburg

Auf diesen Blättern hatte ich die Erfolge meiner Amateurzeit und des Jahres 1997 zusammengestellt, ...

Sportliche Erfolge 1996

- 1. Platz Etappe "Intern. Rapport-Tour" Südafrika
- 3. Platz Gesamtwerung "Intern. Rapport-Tour" Südafrika
- 1. Platz Etappe "Int. Niedersachsen-Rundfahrt"
- 8. Platz Gesamtwertung Int. Friedensfahrt "Course de la Paix"
- 1. Platz Etappe "Int. Rheinland-Pfalz-Rdf."
- 1. Platz Etappe "Int. Sachsen-Tour"
- 1. Platz Gesamtwertung "Intern. Sachsen-Tour"
- 1. Platz Gesamtwertung Bergtrikot "Intern. Sachsen-Tour"
- 1. Platz 3.Etappe "Int. Hessen-Rundfahrt"
- 1. Platz 5.Etappe "Intern. Hessen-Rundfahrt"
- 7. Platz Gesamtwertung "Intern. Hessen-Rundfahrt"
- 2. Platz Gesamtwertung "Commonwealth-Bank-Classic"
- 1. Platz Gesamtwertung Bergtrikot
- 3. Platz Bundesliga Frankfurt/a.M.

Sportliche Erfolge 1997

- 2. Platz Gesamt "Intern. Tour de Langkawi" Malaysia
- 1. Platz Etappe "Intern. Niedersachsen Rundfahrt" Deutschland
- 1. Platz Gesamtwertung "Intern. Niedersachsen Rundfahrt"
- 2 x 2. Platz Etappe Intern. Friedensfahrt "Course de la Paix"
- 3. Platz Gesamtwertung "Intern. Friedensfahrt "Course de la Paix"
- 3 x 1. Platz Intern. Straßenrennen
- 9.Platz Deutsche Meisterschaft

... um mich nach der Auflösung des Teams ZVVZ damit bei allen denkbaren Profirennställen zu bewerben.

Sprinterjahre

320 Seiten, 22 Farb- und 31 S/W-Fotos
ISBN 978-3-7688-5240-1

Der spannende Weg und das jähe Karriere-Ende des erfolgreichen deutschen Radprofis – und sein eindrucksvoller Neustart als Radsportjournalist und ARD-Fernsehmann.

Erhältlich im Buch- und Fachhandel
oder unter www.delius-klasing.de

Beinhart

272 Seiten, 91 Fotos
ISBN 978-3-7688-2486-6

39100.000 Kilometer auf dem Fahrrad: Neun Jahre ist Carsten Janz unterwegs, hat sich die Welt genau angesehen. Seine Berichte sind direkt und ungeschminkt, gewitzt und authentisch.

Erhältlich im Buch- und Fachhandel
oder unter www.delius-klasing.de

Der Patron

176 Seiten
ISBN 978-3-7688-5266-1

Grandiose Siege und vernichtende Einbrüche vom Radsportler mit der Frauenphobie und der unausgewogenen Selbsteinschätzung.

Erhältlich im Buch- und Fachhandel
oder unter www.delius-klasing.de